監修者——加藤友康／五味文彦／鈴木淳／高埜利彦

［カバー表写真］
「大総督熾仁親王京都御進発」
（京都御所建礼門前。高取稚成《たかとりわかなり》画）

［カバー裏写真］
「木戸孝允」
（レオポルド＝ヴィターリ画）

［扉写真］
黒船来航
（1854年。「武州《ぶしゅう》潮田《うしおだ》遠景」部分）

日本史リブレット人070

木戸孝允

「勤王の志士」の本音と建前

Ichisaka Taro
一坂太郎

目次

幕末維新の争い

幕末《ばくまつ》の政争とはつまるところ、天皇の意として発せられる「勅《ちょく》」の奪合いである。江戸時代を通じ、天皇の役割は『禁中《きんちゅう》並《ならびに》公家《くげ》諸法度《しょはっと》』で「御（諸）芸能之事、第一御学問也」と限定されていた。それが開国問題を機に、なし崩し的に政治面におよび、「勅」が重大事の決定を左右するようになる。安政《あんせい》の大獄《たいごく》、将軍上洛《じょうらく》、攘夷《じょうい》戦争、禁門《きんもん》の変《へん》（蛤御門《はまぐりごもん》の変）、二度にわたる幕長《ばくちょう》戦争（長州《ちょうしゅう》征討）、大政奉還《たいせいほうかん》、王政復古《おうせいふっこ》の大号令、戊辰《ぼしん》戦争などなど、日本史の教科書に太字で記されるような重大事件は、みな、この「勅」をめぐる争いの産物であるといっていい。

「勅」によって、あるときは苦汁を飲まされ、あるときは政敵を追いつめて

「維新《いしん》の勝者」になったのが長州藩（毛利《もうり》家）であり、若手官僚として第一線に立ち指揮したのが桂小五郎《かつらこごろう》（一八三三〜七七）だ。小五郎は新政府を代表する政治家の「木戸孝允」となり、東京遷都、版籍奉還《はんせきほうかん》、廃藩置県《はいはんちけん》などの大変革を断行し、天皇を頂点とする中央集権体制を築いてゆく。さらに木戸らの尽力により、一八七五（明治八）年四月に「漸次立憲政体樹立《ざんじりっけんせいたいじゅりつ》の詔《みことのり》」が発せられる。木戸らにとっては近代国家の頂点に天皇という権威を、どのように合法的に位置づけるかが急務であった。

これにつき、四国徳島に端を発するちょっとした事件が起こる。不平士族《ふへいしぞく》を中心とする徳島の民権政社自助社《じじょしゃ》が、同年八月、「漸次立憲政体樹立の詔」の注釈書として『通諭書《つうゆしょ》』を印刷、配布したのだ。起草者は同社幹部で旧徳島藩士の一坂俊太郎《いちさかしゅんたろう》・新居敦次郎《にいあつじろう》だといわれる。『通諭書』は薩長《さっちょう》出身者による有司専《ゆうしせん》制《せい》を厳しく批判したうえで、立憲政体の必要を説く。しかも天皇については、「天子《てんし》様は即ち国王と云ふ御役人で、諸役人の総押《そうおう》にして日本政府の長官なり」と位置づけていた。

それらが自分らの意図するところと異なっていたからこそ、木戸は激しく憤慨する。「日記」八月三十日の条に「名東県《みょうどうけん》(徳島)自助社紛紜《ふんうん》の情態あり」、九月一日の条に「名東県自助社の説とて今日の政体を誤認し、不都合の文章流布せり」と記す。太政《だじょう》大臣の三条実美《さんじょうさねとみ》▲は憤慨し、木戸に「ムチャクチャの議論」だと手紙で知らせてきた。参議《さんぎ》の大久保利通《おおくぼとしみち》▲(薩摩《さつま》出身)は第二の「佐賀の乱」▲が起こると危惧し、関係者を弾圧するよう指示する。

政府の指示で徳島に飛んだ長州出身の内務官僚国貞廉平《くにさだれんぺい》は「不都合の文章」である『通諭書』を回収し、自助社幹部たちを厳しく取り調べた。朝憲紊乱《ちょうけんびんらん》の罪に問われた自助社幹部たちは翌年、東京の大審院《だいしんいん》で裁かれて有罪が決まり、その運動は挫折し、衰退への道をたどる。今となっては地方史の片隅くらいにしか記されない事件だが、近代国家の姿を模索する途中で起こった衝突としてみると興味深い。

幕末から明治維新という大きな変化のなかで、木戸がどのように状況を把握し、どのような選択をして、「天皇大権」と呼ばれる立憲君主制《りっけんくんしゅせい》への道筋をつけたのか。その生涯を追ってみたい。

▼**三条実美**　一八三七〜九一年。公卿《くぎょう》・政治家。長州藩と提携し尊攘《そんじょう》運動を推進したが一八六三(文久三)年八月の政変で失脚。七卿の一人として長州藩に逃れ、のち大宰府《だざいふ》に移る。王政復古で復権し、新政府の議定《ぎじょう》となり、廃藩置県後は太政大臣として新政府の頂点に立つ。

▼**大久保利通**　一八三〇〜七八年。薩摩藩士・明治政府の指導的政治家。通称は一蔵《いちぞう》。公武合体《こうぶがったい》、討幕《とうばく》運動を推進。新政府の参与《さんよ》、参議として数々の改革を断行し、一八七一(明治四)年、岩倉《いわくら》使節団に加わる。一八七三(明治六)年には内務卿《ないむきょう》となり絶大な権力を握るが、不平士族に暗殺された。

▼**佐賀の乱**　一八七四(明治七)年二月に佐賀で起こった不平士族の反乱。

①——時世に目覚める

小五郎の系図

西郷隆盛《さいごうたかもり》・大久保利通《おおくぼとしみち》(いずれも薩摩《さつま》出身)とともに「維新《いしん》の三傑《さんけつ》」の一人とされる木戸孝允は幕末《ばくまつ》のころ、桂小五郎《かつらこごろう》の名で知られ、長州藩《ちょうしゅうはん》(萩《はぎ》藩)の若手官僚として、尊王攘夷《そんのうじょうい》運動(尊攘運動)の先頭に立ち活躍した。

桂小五郎は桂家の生まれではない。父親は長門国《ながとのくに》萩城下《じょうか》の呉服《ごふく》町(現、山口県萩市)、通称江戸屋横町《えどやよこちょう》に住んでいた和田昌景《わだまさかげ》という医者だ。現在もその邸宅は、当時の面影をとどめている。患者用と家人用という、二つの玄関があるのが特徴的だ。

昌景は眼科と外科を専門とし、藩医として二〇石《こく》を受けていた。瀬戸内に近い周防《すおう》国熊毛《くまげ》郡呼坂《よぶさか》村(現、山口県周南《しゅうなん》市)に住む医者藤本玄盛《ふじもとげんせい》の次男で、長州藩の萩城下へでて学んだ。そして三八歳の一八一七(文化《ぶんか》十四)年、藩医和田文琢にみこまれて養子となり、和田家を継ぐ。

和田家の先祖は、毛利元就《もうりもとなり》▲の七男天野元政《あまのもとまさ》とされる。昌景は同藩侍医《じい》田辺《たなべ》玄《げん》

▼**毛利元就**　一四九七〜一五七一年。戦国時代の武将。安芸《あき》に勢力を伸ばし、大内義隆《おおうちよしたか》を倒した陶《すえ》晴賢《はるかた》を一五五五(弘治《こうじ》元)年に倒して、周防・長門に覇権を確立。さらには出雲《いずも》の尼子《あまご》氏を滅ぼして中国地方一〇カ国と豊前《ぶぜん》・伊予《いよ》の一部を領有した。

養《よう》の娘と結婚して、捨子《すてこ》・八重子《やえこ》という二人の娘をもうけた。しかし、男子がなかったため、周防国佐波《さわ》郡宮市《みやいち》（現、山口県防府《ほうふ》市）の町医者小泉雄仙《こいずみゆうせん》の弟文譲《ぶんじょう》を養子として迎え、長女捨子の婿とした。のち捨子が病没したので、文譲は次女八重子と再婚する。

一八二五（文政《ぶんせい》八）年、昌景は妻を病で失った。そこで、長州藩士平岡《ひらおか》氏の臣猪口平馬《いのくちへいま》の娘清子を後妻に迎えた。清子と昌景のあいだに、一八三三（天保《てんぽう》四）六月二十六日に生まれたのが小五郎である。長男だったが、すでに和田家には嫡子となっていた文譲がいた。そのため、次男として扱われた。続いてこの夫婦には、ハル（治子《はるこ》、のち来原良蔵《くるはらりょうぞう》妻）という女子が生まれる。

近所に住む藩士桂九郎兵衛孝古《くろべえたかふる》は嗣子《しし》を失い、しかも病床にあった。このままでは没後、家名断絶の恐れがある。そのため九郎兵衛に乞われた昌景は、八歳になった小五郎を病中仮養子として桂家にいれた。それから十数日後の一八四〇（天保十一）年四月十三日、九郎兵衛は六二歳で他界。小五郎は末期養子《まつごようし》だったが、藩は桂家の存続を認める。ただし規則により家禄《かろく》一五〇石のうち六〇石が召し上げられ、残り九〇石を小五郎が相続することになった。こうして和田小五郎は「桂小五郎」となる。翌年一月には養母も病没したので、小五郎は生家の和田家に戻り、成長してゆく。

桂家は藩主毛利家と同じ、大江広元《おおえひろもと》▲の子孫とされる。小五郎が畏《かしこ》まった文書などに「大江孝允」と署名するのは、そのためだ。生家の和田も養家の桂も、藩主一族と先祖を同じくする家系なのだ。武士にとり自分の家の系図は、現代人からは想像もつかぬほど重い意味をもつ。吉田松陰《よしだしょういん》は門下生岡部富太郎《おかべとみたろう》に宛てた手紙のなかで、小五郎がつねに「吾等《われら》事は江家（大江家）支族候上は、忠節他人に抽《ひ》き候積り」だとの、特別な意識をいだいているのに感心したと述べる（『松菊木戸公伝《しょうぎくきどこうでん》』上）。桂家の家格は一門《いちもん》、寄組《よせぐみ》につぐ大組《おおぐみ》（八組・馬廻り）だ。藩の実務を担当し、藩主側近なども輩出する可能性のある階級である。桂家の当主となることで、小五郎は藩における活躍の舞台をえた。

幼少のころの小五郎は身体虚弱で、学問を好んだという。一〇歳になると、城下江向《えむかい》にあった岡本権九郎《おかもとごんくろう》の私塾で漢学《かんがく》を学び、さらに藩校明倫館《めいりんかん》へかよって文武の修行に励んだ。一八四六（弘化《こうか》三）年、一四歳のときに藩主毛利慶親《よしちか》（敬《たか》親《ちか》）▲の試験に応じ、即座に詩を賦してみせた。このため、金二〇〇疋《ひき》を受けた。

▼**大江広元**　一一四八〜一二二五年。平安《へいあん》後期・鎌倉前期の学者・政治家。朝廷に仕えたが、源頼朝《みなもとのよりとも》に招かれて鎌倉にくだり、公文所《くもんじょ》（のち政所《まんどころ》）別当《べっとう》となる。鎌倉幕府の基礎確立に尽力し、守護《しゅご》・地頭《じとう》の設置を献策したりした。四男の季光が毛利家を興こした。

▼**毛利慶親（敬親）**　一八一九〜七一年。長州藩主。村田清風を登用して財政整理と文武興隆に着手した。過激な尊攘路線を進むも禁門の変で敗れて朝敵《ちょうてき》となり、名も敬親と改める。一八六七（慶応《けいおう》三）年十二月に官位《かんい》復帰。一八六九（明治二）年、薩土肥《さつとひ》の各藩主と版籍奉還を願い出、隠居した。

木戸孝允が生まれた和田家遺構（萩市）　門をはいると玄関が二つある。小五郎は江戸に遊学する二〇歳ごろまで、ここで暮した。

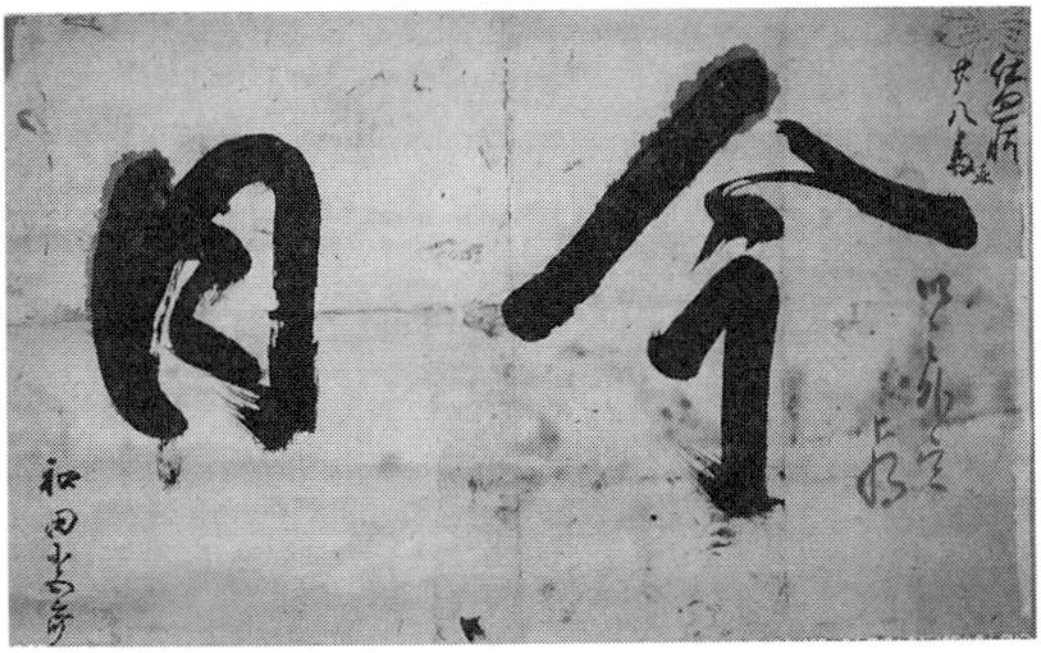

小五郎が7,8歳のころ書いた「今日」

毛利敬親（左）**・定広父子**

あるいは一八四八(嘉永《かえい》元)年にも、藩主から詩作を賞せられた。

七、八歳ごろの小五郎が「今日」(前ページ写真参照)と大書した手習いや、一一歳のときの「一筆啓達《けいたつ》致し候」に始まる手紙文の練習が残る。いずれも少年のものとは思えないほどみごとな筆跡だ。師匠が「以《もっ》ての外宜《ほかよろ》し」「天晴《あっぱれ》見事々々」と、朱筆で絶賛している。これらの習字は一九六七(昭和四十二)年、萩の生家を大修理した際襖《ふすま》の下張りからみつかり、現在ではいずれも萩博物館に所蔵されている。

小五郎少年が頼山陽《らいさんよう》▲の『日本外史《にほんがいし》』『日本政記《せいき》』を父に頼んで、買ってもらったという逸話がある。これを熱心に読んだ小五郎は、ひそかに皇室の衰えを嘆き、幕府の驕《おご》りに対し憤りを覚えた(『松菊木戸公伝』上)。

毛利家は平城《へいぜい》天皇の皇子阿保親王《あぼしんのう》を先祖にもつ。親王の落胤《らくいん》が大江音人《おとんど》で、その子孫が鎌倉《かまくら》開府に尽力した大江広元だ。広元の四男季光《すえみつ》は、現在の神奈川県厚木《あつぎ》市にあった領地にちなみ、「毛利」を名乗る。これが毛利家初代だ。よって、皇室への思い入れは特別強い。たとえば有名な毛利の家紋「一文字三星」は、阿保親王が「一品《いっぽん》」の称号を受けていたことに由来する。このため江戸時代でも

▼**頼山陽**　一七八〇～一八三二年。儒者《じゅしゃ》・詩人。芸州《げいしゅう》藩儒者頼春水《しゅんすい》の子。名は襄《のぼる》。菅茶山《かんちゃざん》などに師事し、京都で塾を開く。その著作で武家の興亡を描いた『日本外史』は、幕末の政治運動にかかわる人びとに熱心に読まれた。

武家伝奏《ぶけてんそう》をへず、勧修寺家《かじゅうじけ》を通じて朝廷《ちょうてい》へ献上を行ったり、京都へ立ち入ることも特別に認められていた（中原邦平『忠正公勤王事績』）。

半面、毛利家は一六〇〇（慶長《けいちょう》五）年九月の関ヶ原合戦《せきがはらかっせん》で徳川家康《とくがわいえやす》に敗れ、領土を大幅に減らされるなどの苦汁を飲まされた。以来、幕府に対しては複雑な思いを抱き続けている。表では従順を装いながらも、裏では打倒の機会をうかがっていたとも伝えられる。幕末の一八五八（安政《あんせい》五）年五月、長州藩が定めた「藩是三大綱《はんぜさんだいこう》」には第一に「天朝《てんちょう》（朝廷）への忠節」が謳《うた》われ、つぎに「幕府への信義」となっている。こうした意識はやがて「攘夷」を振りかざし、開国した幕府を非難して、「討幕」の流れをつくってゆく。

一八四九（嘉永二）年四月、父昌景は思うところがあって遺言状をつくり、家財の分与を指示した（『松菊木戸公伝』上）。これをみると昌景は、多額の現金や借家などの不動産ももつ、なかなかの財産家だったようだ。小五郎には「銀拾貫目」を相続させる、とある。そして昌景は一八五一（嘉永四）年一月十二日、七二歳で他界した。

剣術修行

長州藩は学問を好む気風が強く、人材育成に熱心だった。小五郎も学んだ藩校明倫館は一七一九(享保《きょうほう》四)年、五代藩主毛利吉元《よしもと》のころ、萩城三ノ丸(堀内《ほりうち》)に創立された。一八四九(嘉永二)年、緊迫する時勢に対応すべく、藩主慶親は明倫館を城下江向に拡張移転する。この重建明倫館には、水練池《すいれんのいけ》(プール)や三〇二〇坪の練兵場《れんぺいじょう》が設けられるなど、武道にも力がそそがれた。

一八五二(嘉永五)年八月、江戸の剣客斎藤新太郎《さいとうしんたろう》が諸藩遊歴の途次、門人五人をつれて萩に立ち寄り、明倫館で試合を行う。新太郎は神道無念流《しんとうむねんりゅう》の二代目で江戸麴町《こうじまち》で剣術道場練兵館を開いていた、斎藤弥九郎《やくろう》▲の息子だ。

以前から長州藩とのあいだに親密な関係を築いていた新太郎は、長州藩政府に人物を選んで江戸へだし、広く諸藩士と交流させよと提案する。ちょうど藩でも藩士の藩外遊学を奨励していた時期でもあり、各剣術師範の門弟から河野《こうの》右衛門《うえもん》ら五人を選び、新太郎に従わせて、一年の期限付きで関東修行を命じた。

かねてから江戸遊学を希望していた小五郎だったが、その選からはもれてしまう。しかし自費での関東遊歴を願い出、三年間の暇をえる。こうして新太郎

▼**斎藤弥九郎**　一七九八〜一八七一年。剣客。越中《えっちゅう》出身。一五歳で江戸へ出、剣を修行。一八二六(文政九)年、練兵館を開き神道無念流を指南した。明治以後は官《かん》吏《り》となり造幣局権判事《ごんはんじ》などをつとめた。

ら一行に加わり江戸へ出、斎藤弥九郎に入門した。このころの日記(『木戸孝允遺文集』)をみると、連日の剣術稽古の合間に、実に熱心に多くの書物を読んでいたことがわかる。あるいは道場で師や他の門人たちとともに、「大酌」したとの記述もみえる。やがて道場では塾頭の地位にのぼりつめた。

小五郎は諸国から江戸に集まってきた若者たち、とくに水戸《みと》藩士たちとの交流を深める。封建《ほうけん》社会である藩のなかでは、縦の人間関係が基本である。だが、藩の枠を越えて横の人間関係を築いたことが、小五郎の視野を広げ、人間的に成長させ、さらには後年の政治活動の大きな財産になってゆく。あるいは桜田《さくらだ》門《もん》外にあった藩邸(上《かみ》屋敷)に出入りし、同藩士らと剣術稽古に励み、藩主に『孟子《もうし》』▲『中庸《ちゅうよう》』▲などの進講を行うなど多忙な日々を送った。

小五郎が萩をでてから九カ月たった一八五三(嘉永六)年六月三日、アメリカのマシュー＝C・ペリー水師提督が率いる四隻からなる黒船《くろふね》艦隊が、江戸湾に姿をあらわす。十八世紀後半、イギリスで起こった産業革命の波は、十九世紀にはヨーロッパやアメリカにもおよび、市場を求めてインドや清朝《しんちょう》中国など、アジア各地へと容赦なく押しよせていたのだ。ペリーは空砲を放ち、江戸湾を

▼**『孟子』** 中国戦国時代の哲学者孟子が、孔子《こうし》の意を祖述し仁義《じんぎ》を説くなどしたもの。四書《ししょ》の一つ。

▼**『中庸』** 四書の一つ。儒教《じゅきょう》の総合的解説書で、孔子の孫子思《しし》の作とされる。

練兵館跡(東京都千代田《ちよだ》区) 小五郎が塾頭をつとめた剣術道場の跡は現在、靖国《やすくに》神社境内の一部になっている。

測量するといった高圧的な態度（のちに砲艦外交と呼ばれる）で、幕府に修交通《しゅうこうつう》商《しょう》を迫る。動揺した幕府はアメリカ大統領の親書を受け取り、翌年の返答を約束したので、十二日、ペリーの黒船艦隊はいったん日本から去った。

幕府はアメリカ大統領の親書を示し、諸大名《だいみょう》や果ては一般からも意見をつのるという異例の措置をとる。幕府が国政への門戸を解放したため、世論は活気づく。大名だけでも二五〇が意見をよせたというが、これといった良案はみつからなかった。また、幕府は江戸湾防備のため、品川台場《しながわだいば》の新設を決める。築造を命じられたのは、かねてから江戸湾防備の必要を唱えていた韮山代官《にらやまだいかん》の江《え》川《がわ》太郎左衛門《たろうざえもん》▲だ。西洋砲術を学んだ斎藤弥九郎と江川は、とくに親密な間柄だった。この伝手《つて》で小五郎は江川の従僕《じゅうぼく》になりすまし、武蔵《むさし》・伊豆《いず》・相模《さがみ》などの海岸測量についてまわる。その際休んだ茶店の老婆が小五郎の顔をみたとき、こういった。

足下《おまえ》は未だ若年だが、非凡の風采である。今から志を起して刻苦勉励すれば、他日必ず栄達ができる。足下は是輩の如《ごと》き、奴僕《どぼく》の群にあるべき人ではない。速《すみやか》に心を決して適当の業務を選び、大いに青雲の志を立て、怠り

▼**江川太郎左衛門**　一八〇一～一八五五年。江戸後期の韮山代官。諱《いみな》は英竜《ひでたつ》、号《ごう》は坦庵《たんあん》。渡辺崋山《わたなべかざん》に洋《よう》学《がく》を、高島秋帆《たかしましゅうはん》に砲術を学び、民政や海防に活躍した。

忘れないやうに。(「山尾庸三談話」妻木忠太『木戸松菊公逸話』)
これには小五郎も感じるものがあったようで、後年しばしば人に語ったという。そして、西洋の技術や砲術の精密さに驚いた小五郎は、江川に入門して砲術を学ぶようになった。
二一歳の小五郎が、リアルタイムで黒船騒動を体験した意味は大きい。危機感に突き動かされるように、十二月十七日には藩主に上書《じょうしょ》を呈している。そのなかで小五郎は、兵力不足を現地農民の郷土愛を軍事力として利用しようと提案した。「数代土着之者」だから、「父母ノ地ヲ賊夷《ぞくい》ニ侵掠《しんりゃく》」されるとなれば、「上ヨリ御諭《ごろん》」しだいでは「イカ程モ奮興《ふんこう》」すると説く(『松菊木戸公伝』上)。
年が明けると、ペリーは約束どおりふたたび来航した。そして一八五四(安政元)年三月三日、日米和親条約《にちべいわしんじょうやく》が締結される(神奈川条約)。これは長崎のほか下田《しもだ》・箱館《はこだて》の開港、薪水《しんすい》・食料・石炭など必要品の補給、漂流民の保護などを決めた条約であったが、自由貿易にはふれていない。しかしアメリカを最恵国《さいけいこく》待遇にすると約束したため、ペリーは一応満足した。こうして日本は開国《かいこく》への第一歩を踏み出したのである。

吉田松陰肖像画　門下生岡部富太郎にあたえられたものを、明治のころ模写した。

▼吉田松陰　一八三〇〜五九年。長州藩士、兵学者。九州や江戸に遊歴後、一八五一(嘉永四)年、脱藩し東北視察。一八五四(安政元)年にアメリカ密航を企むも失敗し、萩で松下村塾を主宰した。高杉晋作《たかすぎしんさく》や伊藤博文ら門下生を指導。幕府の開国政策を批判したが、安政の大獄で処刑された。

吉田松陰

小五郎の生涯に大きな影響をあたえた師の一人に、のちに松下村塾《しょうかそんじゅく》を主宰する吉田松陰《よしだしょういん》▲(寅次郎《とらじろう》)がいる。長州藩の山鹿《やまが》流兵学《へいがく》師範で、明倫館教師だった松陰は一八四九(嘉永二)年十月一日、小五郎を兵学門下に加えた。時に松陰二〇歳、小五郎一七歳。萩の松下村塾遺構内には、現在、塾生たちの肖像写真に交じり、小五郎のそれも飾られている。このためだろうか。小五郎も、松下村塾で松陰の教えを受けたと勘違いされる場合が多いが、実際は明倫館教師時代の門下生である。やがて二人は師弟というより、親友、同志といった関係を築く。松陰は、自分の旧知己は第一が来原良蔵《くるはらりょうぞう》▲、第二が中村道太郎《なかむらどうたろう》▲(九郎《くろう》)、第三が小五郎、第四が来島又兵衛《きじままたべえ》▲だ、と述べているほどだ。

黒船騒動を体験した松陰は、西洋の実態を現地で確かめようと考える。そこでロシア艦が長崎に来航したと知るや、密航すべく馳せ参じたが、すでに去ったあとだった。その際、松陰は小五郎に計画を打ち明けており、小五郎は賛意を示したという。

江戸に戻った松陰は、今度は一八五四(安政元)年三月二十七日、門下生金子《かねこ》

▼来原良蔵　一八二九～六二年。長州藩士。明倫館に学ぶ。西洋兵学に通じ、相模警備などを任ぜられ、軍制改革にも尽力。横浜《よこはま》で外国人襲撃を企むも果たせず、自決した。妻は桂小五郎の妹。

▼中村道太郎　一八二八～六四年。長州藩士。九郎とも称す。桂小五郎らと尊攘運動に奔走。政務座見習、参政《さんせい》などを歴任した。一八六四(元治《げんじ》元)年、参謀として上京するが、禁門の変で敗れ、野山獄で斬られた。

▼来島又兵衛　一八一六～六四年。長州藩士。柳川《やながわ》や江戸で剣術修行。蔵元《くらもと》両人役や馬関《ばかん》総奉行役を歴任した。一八六三(文久三)年、命により遊撃隊を組織し総督となる。政変後は京都進発を唱え、禁門の変で戦死。

重之助《じゅうのすけ》を従え、豆州《ずしゅう》下田(現、静岡県下田市)沖に停泊中だったアメリカの黒船に乗り込もうとする。だが、アメリカ側は松陰の申し出を拒否。自首した松陰は、江戸の伝馬《てんま》町獄《ちょうごく》に投ぜられた。さらに半年後、松陰は国元蟄居《ちっきょ》の処分を受けて萩に送り返され、城下の野山《のやま》獄に幽閉させられる。

　ペリーの条約締結は、ロシアを刺激した。軍艦ディアナ号に乗ったロシアのプチャーチンは幕府と条約締結の交渉を行おうと、下田に乗り込む。ところが十一月四日、伊豆地方の大震災・大津波でディアナ号が大破し、沈没。そこで幕府は伊豆戸田《へた》浦に造船所を設け、帰国用のスクナー型洋式船二隻の建造にかかる。これに日本人船大工も参加したので、はからずも日本側は西洋の造船技術を習得することとなった。小五郎は同藩士中村百合蔵《ゆりぞう》とともに現地に赴き、これを視察している。なお、プチャーチンは苦難を乗り越えた末、十二月には日露《にちろ》和親条約を締結した。

　一八五五(安政二)年四月、小五郎はいったん萩に帰国した。前年九月には義兄和田文譲が没したりしたので、その後始末もあったのだろう。萩で諸事をすませて五月、藩の許しをえ、西洋軍学と船艦製造技術を学ぶためにふたたび江

ヘダ号の進水式(一八五五〈安政二〉年。『露国軍艦建造図巻』)

戸へと向かった。この萩滞在中に、小五郎は野山獄中の松陰を訪れている。小五郎は江戸の芝新銭座《しばしんせんざ》や築地講武場《つきじこうぶじょう》などで、武技が日ごとに盛んになっていると知らせ、自分も万死を誓ってますます勉励すると、その決意を述べた。松陰は一年ぶりにあう小五郎の成長を喜んだ(『松菊木戸公伝』上)。

そのころ幕府は、浦賀《うらが》で大船建造を進めていた。そこで浦賀に赴いた小五郎は、七月一日、中島三郎助《なかじまさぶろうのすけ》▲にあってみずからの志を語り、入門を果たす。下田奉行与力《ぶぎょうよりき》の中島は早くから蘭学《らんがく》を学び、砲術や軍艦操縦法にも通じていた。のちには幕府の軍艦操練教授となる人物だ。ところがそれから半年ほどで、中島は幕府の命により、オランダ人から蒸気船の操縦法や航海術などを教わるため、長崎に派遣される。小五郎も同道を願うがかなわず、結局、長州の船大工藤井勝之進《ふじいかつのしん》のみがいくこととなった。

また小五郎は、藩命により十一月、戸田浦の造船所に赴き、造船・操縦などを視察している。その際同行した船大工尾崎小右衛門《おざきこえもん》を、戸田で造船を監督していた船大工高橋伝蔵《たかはしでんぞう》に入門させた。

このころ小五郎は、萩の獄にいる松陰に近況を知らせる手紙を何通か書き送った。十一月十八日には「人の巧《こう》を取って我が拙《せつ》を捨つる、人の長を取って我が短を補う、これはすなわち天地の間、当然の理《ことわり》と存じ申し候」として、欧米列強の「火器」が優位だと認めながらも、「もしこれに火器なき時は如何《いかん》、なお恐るに足らずなり」(『木戸孝允文書』一)と豪語する。列強の列強たるゆえんは「技術」にあると考え、みずからもまた、技術官僚としての道を進もうとするのである。

政治家開眼

アメリカの初代駐日総領事タウンゼント＝ハリスは江戸に乗り込み、幕府と交渉の末一八五八(安政五)年六月十九日、自由貿易を骨子とした日米修好通商条約を締結させた。続いて幕府はオランダ・ロシア・イギリス・フランスとのあいだに同様の条約を締結し、全面的に開国してゆく。いわゆる「安政の五カ国条約」である。

幕府は条約締結の最終段階で勅許《ちょっきょ》をえようとしたが、外国ぎらいの孝明《こうめい》天皇▲はこれを認めない。幕府は仕方なく、勅許のないまま条約調印に踏み切る。こ

▼**中島三郎助**　一八二〇〜六九年。幕臣《ばくしん》。浦賀奉行に属し、ペリー来航時は米艦に乗り談判。長崎で海軍を学び、海軍教授方頭取《とうどり》となる。戊辰《ぼしん》戦争では蝦夷《えぞ》に走り、五稜郭《ごりょうかく》降伏後も戦い、二子とともに戦死。

▼**孝明天皇**　一八三一〜六六年。第百二十一代仁孝《にんこう》天皇第四皇子。名は統仁《おさひと》。一八四六(弘化三)年に践祚《せんそ》。日米修好通商条約に勅許をあたえなかったが過激な尊攘運動をきらい、長州征討を幕府に命じた。また、妹和宮を将軍家茂に降嫁させた。疱瘡《ほうそう》で没したが、毒殺説もある。

のため公（朝廷）・武（幕府）間に大きな亀裂が生じた。そして翌年から始まった貿易は輸出過多により国内の経済を混乱させ、庶民の台所までも苦しめてゆく。こうして開国を非難する声が高まり、攘夷論が盛んになった。

その年八月十日、二六歳の小五郎は大検使役《だいけんしやく》に任ぜられ、番手《ばんて》を命じられる。これが小五郎の初出仕だ。大検使役とは、矢倉方《やぐらがた》の管理する米銀・物品の出納を検する事務職である。元来は検使から大検使となるから、小五郎の場合は抜擢なのだが、初任にして経験が浅いなどの理由から、わずか二〇日で更迭されてしまう（田中惣五郎『木戸孝允』）。

十二月十七日、来島又兵衛とともに萩に帰省した小五郎は、二十四日夜、吉田松陰とひそかに面会して時事を語る。松陰は生家の杉《すぎ》家で、幽囚生活を送りながら松下村塾を主宰していた。しかし条約締結に憤慨し、老中間部《ろうじゅうまなべ》詮勝《あきかつ》▲の暗殺を企てるなどの過激な言動をとったため、藩はふたたび松陰を野山獄に投じようとしていたのだ。

小五郎が松陰を訪ねたころ、松陰は父の病を理由に、投獄の猶予を願い出ていた。以後、小五郎は幕府の嫌疑を受けぬよう松陰を諫める。ところが松陰の

▼**間部詮勝**　一八〇四～八四年。鯖江《さばえ》藩主。大坂城代《じょうだい》、京都所司《しょし》代《だい》をへて老中となるが、同役の水《みず》野忠邦《のただくに》とあわず辞任。一八五八（安政五）年、井伊直弼が大老になるやふたたび老中となり、安政の大獄を進めた。

決意は固かった。松陰がふたたび野山獄に投ぜられたのは同月二十六日である。

幕府の権力強化をはかる大老《たいろう》井伊直弼《いいなおすけ》▲は、政敵一橋《ひとつばし》派や開国に反対する水戸藩を中心とする尊攘派に大弾圧を加えた。いわゆる「安政の大獄《たいごく》」だ。これに連座した松陰は江戸に送られ、一八五九(安政六)年十月二十七日、伝馬町獄において処刑された。享年三〇。

そのころ小五郎は、従僕とした松陰門下の伊藤利輔《いとうりすけ》▲(俊輔《しゅんすけ》・博文《ひろぶみ》)をともなって萩を発ち、十月十一日に江戸に戻っていた。松陰処刑を知るや同藩士飯田正伯《いいだせいはく》・尾寺新之允《おでらしんのじょう》らとはかり、松陰の遺骸を幕府方から受け取り、小塚原《こづかはら》(現、東京都荒川区《あらかわ》)に埋葬している。体当りで時代の壁に挑み、倒れた松陰は多くの若者を奮い立たせた。

十一月十三日、小五郎は江戸藩邸(上屋敷)有備館《ゆうびかん》の用掛を命じられ、江戸在番藩士の教育責任者という立場に立つ。有備館は一八四一(天保十二)年、村田《むら》清風《せいふう》▲の建議により設けられた、在江戸藩士のための文武修養所である。

一八六〇(万延《まんえん》元)年三月三日、大老井伊が登城途中、桜田門外で水戸浪士らの襲撃を受け、横死した。桜田門外の変である。当時、国もとの同志佐世八十《させやそ》

▼**井伊直弼**　一八一五〜六〇年。彦根《ひこね》藩主。大老に就任し、日米修好通商条約に調印。将軍継嗣問題で紀州《きしゅう》藩主徳川慶福《よしとみ》(家茂)を推し決定させた。安政の大獄を起こし政敵を弾圧したが、水戸浪士らに桜田門外で暗殺された。

▼**伊藤利輔**　一八四一〜一九〇九年。利助、俊輔、俊介、博文などと名乗る。周防の農家に生まれ、下級武士となる。吉田松陰に師事し、イギリス留学。明治政府で内閣制度が始まると初代総理大臣となり、計四回組閣。また、憲法制定を進め、韓国統監《とうかん》をつとめる。満州《まんしゅう》視察中に暗殺された。

▼**村田清風**　一七八三〜一八五五年。長州藩士。要職を歴任し一八三一(天保二)年に表番頭格《おもてばんがしらかく》となる。越荷方《こしにかた》を拡大し、八万貫余の藩士の借財を三七年賦で整理しようとしたが、反対を受け失脚。海防を唱え、大規模な軍事操練を実施した。

郎《ろう》・岡部富太郎に宛てた小五郎の手紙には、井伊の死を機に全国の優れた大名を抜擢し、合議制で政治を行い、「旧弊を一洗つかまつり、大道を明らかに」すべきであると、幕府改造の必要を説いている（『木戸孝允文書』一）。

四月三日、小五郎は来原良蔵にかわり有備館舎長を任ぜられた。来原は一八五三（嘉永六）年十月、小五郎の妹治子と結婚していたから、小五郎にとっては義弟である。このころから小五郎は藩の渉外を担当するようになった。剣術道場の塾頭をつとめた経験がものをいったのだろう。さらにめまぐるしく動く時勢を目の当りにして、政治への関心を急速に高めてゆく。政治活動に邁進する藩官僚の周布政之助《すふまさのすけ》▲や、久坂玄瑞《くさかげんずい》▲ら松陰門下生らとの交流も頻繁になった。

六月になり、藩士松島剛蔵《まつしまごうぞう》が藩船丙辰丸《へいしんまる》をあやつり、品川沖へやってくる。丙辰丸は小五郎の提案などがきっかけとなり、萩でつくられた（長さ八丈一尺、四七トン）。松島は小五郎とともに、水戸藩の西丸帯刀《にしまるたてわき》・岩間金平《いわまきんぺい》らと会談を重ねる。そして水戸と長州が力をあわせて幕政改革につくそうと、八月二十一日には議定書《ぎていしょ》を交わす。これは丙辰丸条約、成破《せいは》の盟約と呼ばれる。「破」の水戸が攘夷を実行して現状を打破し、「成」の長州が事態を収拾し、改革を実現す

▼**周布政之助**　一八二三〜六四年。長州藩士。麻田公輔《あさだこうすけ》。村田清風の指導を受けて藩政改革を進める。尊攘運動を指導したが、禁門の変後、政敵「俗論派《ぞくろんは》」が台頭し、山口で自決した。

▼**久坂玄瑞**　一八四〇〜六四年。長州藩士。義助《ぎすけ》とも称す。吉田松陰に師事。妻は松陰の妹。長州藩が公武合体を推進するや、激しく反発。諸藩の同志と提携し、尊攘運動に奔走するが、禁門の変に敗れ、京都で自決した。

るというのだ。

　盟約はあくまで個人的なものだったが、小五郎らはさらに両藩の重役を会談させ、藩レベルの同盟に発展させようとする。また、薩摩藩士樺山三円《かばやまさんえん》などに働きかけ、同志の輪をさらに拡大しようとした。共通の目的達成のため、藩の枠を越えて連携する手法は画期的で、以後、小五郎の得意とするところとなってゆく。

　井伊没後、幕政の中心となっていたのは老中の久世広周《ひろちか》▲・安藤信正《あんどうのぶまさ》▲である。安藤は井伊路線を引き継ぎ、幕府権力強化をめざし、朝廷権威を取り込む公武《こうぶ》合体《がったい》策を推進した。このため孝明天皇の妹和宮《かずのみや》を、十四代将軍徳川家茂《いえもち》▲に降《こう》嫁《か》させようとする。天皇は攘夷実行を交換条件として、一八六〇年八月、和宮降嫁を承諾。江戸城において一七歳同士の婚儀が行われたのは、一八六二（文《ぶん》久《きゅう》二）年二月十一日であった。

航海遠略策

　「国事周旋《こくじしゅうせん》」として、最初に中央政局におどりでた外様《とざま》大名は長州藩毛利家

▼**久世広周**　一八一九～六四年。関宿《せきやど》藩主。一八五一（嘉永四）年、老中になるも、大老井伊直弼を批判して失脚。井伊没後、老中に再任され、安藤信正と尽力して和宮降嫁を実現させた。安藤失脚後、老中を辞す。

▼**安藤信正**　一八一九～七一年。磐城《いわき》平《たいら》藩主。老中。久世広周と公武合体を進め、和宮降嫁を実現させた。そのため尊攘派に坂下門外で襲われ、老中を罷免される。戊辰戦争では新政府軍に抵抗。

▼**徳川家茂**　一八四六～六六年。和歌山藩主・徳川十四代将軍。幼名は慶福。一八六三（文久三）年、上洛《じょうらく》し攘夷期限を誓約し翌年も上洛。公武合体を推進したが、第二次幕長《ばくちょう》戦争の最中病没した。夫人は和宮。

だ。その手土産は一八六一（文久元）年三月二十八日、藩論として採用した、藩士長井《ながい》雅楽《うた》の建議による「航海遠略策」である。当時四三歳の長井は傑物として知られ、他藩士からも「知弁《ちべん》第一」と絶賛されていた。藩主世子《せいし》の養育をまかせられるなど、藩主からの信任もあつい。一八五八（安政五）年十月からは直目付《じきめつけ》となり、藩政の中枢にかかわっていた。「航海遠略策」では、幕府が行った開国を既成事実として認めていた。そして朝廷は鎖国《さこく》攘夷を改めたうえで、幕府に命令をだし、公武一体となり世界に雄飛すれば、日本が五大州を制することができると説く。

だが、同じ藩内でも幕府の開国政策に批判的な小五郎や久坂玄瑞は、「航海遠略策」に激しく反発する。違勅条約を破棄し、攘夷を行ったうえで、日本側が主導して開国をやりなおすというのが小五郎たちの考えだ。

ところが、藩主の命を受けた長井は京都や江戸に赴き、朝廷や幕府の要人を説く。その結果、幕府はもちろん、朝廷にも「航海遠略策」は好意的に受け入れられてゆく。続いて藩主みずからが公武周旋をめざし、江戸へ赴く。これを途中で阻止しようと画策した周布と久坂は帰国させられ、周布は逼塞《ひっそく》を命じられる。江戸に残った小五郎は十月二十七日夜、周布に手紙を書き、得意満面な長井とその一派のようすを「小人手を打って相慶《よろこ》び、国家の元気を損ずる容易にござ無く、かかる勢いにては中々回復の目途は所詮《しょせん》おぼつかず」(『木戸孝允文書』一)と知らせ、悔しがった。

しかし、一八六二(文久二)年一月十五日に坂下門外《さかしたもんがい》の変が起こり、事態は急転した。水戸浪士《ろうし》ら六人に襲われた安藤は、軽傷をおっただけだったが非難され、四月十一日、老中の座を去ることになるのだ。

実は小五郎は、安藤襲撃計画を知ってはいたが、時期尚早であると反対していた。事件当日、桜田の藩邸(上屋敷)に「内田万之助《うちだばんのすけ》」と名乗る男が、小五郎を訪ねてくる。内田の正体は水戸の川辺治右衛門《かわべじえもん》で、安藤襲撃の同志だったが、遅刻し参加できなかった。そこで小五郎に趣意を託して、自決してしまう。

この事件により、小五郎と伊藤俊輔は町奉行所で取調べを受けたが、不問に付されて終った。

②—勅の奪い合い

藩論転換

安藤信正《あんどうのぶまさ》の失脚により、長州藩《ちょうしゅうはん》が方向転換を迫られていたとき、公武《こうぶ》間の状況を一変させたのは、薩摩《さつま》藩（島津《しまづ》家）だった。七七万石の薩摩藩は外様大《とざまだい》名《みょう》だが、中央進出に強い野心をもつ。薩摩藩国父《こくふ》（藩主の父）島津久光《ひさみつ》▲は一八六二（文久二《ぶんきゅう》）年四月、兵力一〇〇〇余りを率いて鹿児島から上洛《じょうらく》した。そして勅使《ちょくし》大原重徳《おおはらしげとみ》を護衛して江戸にくだり、失脚中の一橋慶喜《ひとつばしよしのぶ》・松平慶永《まつだいらよしなが》の復権を申し入れるなど、幕府《ばくふ》内の人事にまで注文をつけた。幕府側も久光の画策と知りながら、勅使を表に立てている以上、要求を聞かざるをえない。

長州藩の「航海遠略策」は、幕府側に朝廷《ちょうてい》を引き入れるための公武合体策だった。ところが薩摩藩は天皇の権威を盾に、幕政に介入してみせた。久光の派手なパフォーマンスのせいで、長州藩の存在感は薄らぐ。藩内外からの非難、さらに朝廷からの非難を受けて長州藩の動揺は頂点に達した。五月二十日、長井《ながい》雅楽《うた》は職を退いて罪を待つこととなり、まもなく帰国させられ、翌年二月六日

▼**島津久光**　一八一七〜八七年。薩摩藩主島津斉彬《なりあきら》の異母弟。藩主忠義《ただよし》の父で国父と呼ばれ、藩の実権を握る。一八六二（文久二）年、上洛して勅使を奉じ、幕政改革を実行。尊攘派失脚後は参与会議の一員となり、公武合体を進めようとした。一八七四（明治七）年、明治政府の左《さ》大臣となる。

桂小五郎銅像(京都市中京《なかぎょう》区)
長州藩京都屋敷跡(現在の京都ホテルオークラ)に一九九五(平成七)年、建てられた。

には切腹させられた。

長井失脚に前後して、長井と対立関係にいた者たちが表舞台に立つ。周布《すふ》政《まさ》之助《のすけ》が復権し、小五郎《こごろう》は国事周旋を命じられる。五月二十二日、江戸から京都にはいった小五郎は、七月五日には、周布・中村九郎《なかむらくろう》とともに他藩との交渉役を任ぜられる。質素倹約を旨とする長州藩では当時、在京都・江戸の藩士に綿服の着用しか認めていない。しかし三人には特別に、外出時に限り絹服が許された(『松菊木戸公伝《しょうぎくきどこうでん》』上)。

七月六日、藩主は河原町《かわらまち》にあった京都藩邸に老臣《ろうしん》以下を招集し、今後の藩論を決めるための御前《ごぜん》会議を開く。小五郎・周布・中村の外交官三人も出席。まず、改めて「航海遠略策」の撤回が決まる。そのうえで、薩摩藩に負けない強烈な方針を長州藩は打ち出さねばならない。

御前会議の席上、小五郎らは天皇の意を奉じて攘夷《じょうい》を断行するという、いわゆる「奉勅攘夷」を主張する。藩地の三方が海に囲まれた長州藩(現、山口県)では早くから海防が重視され、外敵に対する危機感が強かった。しかしすでに開《かい》国《こく》され、貿易は始まっている。そこで小五郎や周布は、「楠公湊川《なんこうみなとがわ》と決心するの外なし」(『修訂防長回天史《ぼうちょうかいてんし》』三)と唱えて、反対意見を封じ込めてしまう。

小五郎らが引っ張りだした楠公とは、鎌倉《かまくら》末期に活躍した武将楠木正成《くすのきまさしげ》のことだ。正成は後醍醐《ごだいご》天皇に仕え、鎌倉幕府打倒、建武《けんむ》の新政《しんせい》に功があった。しかし、天皇の命を受けるや、勝算のない足利尊氏《あしかがたかうじ》軍との戦いに臨み、敗れ、摂津《せっつ》湊川(現、神戸《こうべ》市)で「七生滅賊《しちしょうめつぞく》」を誓い自決する。だから長州藩も正成の「決心」にならい、天皇に忠節をつくし、勝敗を越えて攘夷を行おうというのだ。

そのような精神論を説きながらも、小五郎らは攘夷など不可能だと知っていた。攘夷の次に対等な立場での開国を考えていたことは、たとえば有名な周布の言葉「攘《じょう》は排《はい》なり、排は開《かい》なり、攘夷しかして後、国を開くべし」(『周布政之助伝』)をみてもわかる。攘夷というイデオロギーで国内を団結させ、開国した幕府を非難し、外圧から日本を守ろうと考えたのである。

勅書をめぐって

長州藩の藩論転換は一八六二(文久二)年七月二十四日、藩主が親書を示して告知された。朝廷も長州藩にうながされる形で、攘夷の方針を確立する。小五郎は十四日に右筆副役《ゆうひつふくやく》を、二十九日には学習院用掛《がくしゅういんようがかり》を任ぜられ、攘夷実行のために奔走を始めた。

朝廷は「航海遠略策」が頓挫したあとも、長州藩には働いてもらうつもりだ。だから七月十六日、長井の建白に関する疑いが氷解したと長州藩に伝えてきた。さらに朝廷は長州藩主に八月一日、学習院へ参向するよう命じる。幕府に天皇の内旨を届ける役を、任じるためだ。ところがかんじんの勅《ちょく》の内容が、長州藩には知らされていない。これでは長州藩としては不安で、十分な周旋もできない。そのため小五郎は七月二十九日夜、寺町通《てらまちどおり》西の屋敷に議奏《ぎそう》の正親町三条《おおぎまちさんじょう》実愛《さねなる》▲をたずね、事前に問い合わせた。最初はしぶっていた正親町三条であるが、結局、強引な小五郎に押しきられ、内意を明かす。それは第一に即今攘夷、第二に水戸烈公《みとれっこう》（水戸藩前藩主徳川斉昭《とくがわなりあき》）への贈官、第三に安政《あんせい》の大獄《たいごく》以来の国事犯《こくじはん》の復権を幕府に求めるという内容だった。

第二、第三はともかく、第一の即今攘夷について説明を受けた小五郎は驚く。一八五四（安政《あんせい》元）年三月にペリーとのあいだに結ばれた日米和親条約《にちべいわしん》までも破棄し、攘夷を行えというのだ。この和親条約については、孝明《こうめい》天皇も認めてい

▼**正親町三条実愛**　一八二〇〜一九〇九年。公卿。日米修好通商条約勅許に反対。のち議奏《ぎそう》となる。岩倉具視《いわくらともみ》らと王政復古《おうせいふっこ》を画策し、討幕の密勅《みっちょく》にもかかわる。維新後は議定《ぎじょう》、刑部卿《ぎょうぶきょう》などをつとめた。

たはずである。

長州藩は和親条約に続き、一八五八(安政五)年に勅許《ちょっきょ》なしで調印された修好《しゅうこう》通商《つうしょう》条約の破棄を、攘夷だと解釈している。ならば天皇が反対するとの理由で、貿易中止を外国側と交渉するのも不可能ではないかもしれない。ところが天皇は、それ以前に締結された和親条約破棄までもいいだしたのだ。小五郎は「第一攘夷の一ケ条に至ては、已《すで》に長州の考ふる所と甚《はなは》だ齟齬《そご》せり」と、困惑する。さらには「一時壮烈の激論に媚《こ》びて、多年の条理《じょうり》曲る能《あた》はざるものあり」(「自叙」『木戸孝允遺文集』)とする。表面では「楠公湊川と決心するの外なし」と叫びながら、自分たちの政治活動に不都合な天皇の意は認めないのだ。

ひとまず退席した小五郎は久坂《くさか》ら数人の同志と相談し、さらに諸有司《ゆうし》と君前で打ち合わせて藩としての意見を統一する。そうした手続きを踏んだうえで、小五郎は同夜遅く周布とともにふたたび正親町三条をたずね、内容を変更するよう説得を重ねた。「自叙」には「改めて前意を陳述せり」とある。

その結果、八月一日になり世子《せいし》に託された勅諚《ちょくじょう》からは「即今攘夷」の項が消えていた。ひとまず安心した長州藩では三日、世子が勅をもって京都を発ち、江戸へとくだる。ところがこの勅をめぐり、またもや問題が起こった。勅により罪が拭《ぬぐ》われる国事犯のなかに、同年四月二十四日、内勅を受けた島津久光の命により伏見寺田屋《ふしみてらだや》で上意討《じょうい》ちに処された薩摩藩士九人が含まれていたのだ。もし九人が勅により復権すれば、久光の面目は丸つぶれになる。

小五郎は、ここで薩摩藩との連携がくずれるのを恐れた。そこで八月六日、山田亦介《やまだまたすけ》と京都を発ち、江戸へ急行する。

小五郎の江戸着は十六日である。しかしさすがに、いったん表にでてしまった勅を小五郎の力で変えることなどできない。それでも小五郎はねばり強く、薩摩藩邸や勅使の宿を往来して周旋する。勅使の大原は初め、小五郎からの申し出を断わった。だが考えなおし、京都から勅諚変更の急便があったとして、独断で「近くは伏水一挙《ふしみいっきょ》等にて致死失候者共」の一六文字を削除すると、認めてくれた。八月十八日、世子は品川《しながわ》に到着。翌十九日には勅使に謁見《えっけん》後、久光にもあった。ところが、長州藩の周旋をおもしろく思わない久光の態度は冷たく、小五郎が期待した両藩提携にはいたらなかった。

このころ、小五郎・周布・中村の外交官三人組は江戸で幕府や他藩要人と連日のようにあい、長州藩の攘夷の方針を説いてまわっている。たとえば、越前《えちぜん》藩の政治顧問である横井小楠《よこいしょうなん》▲（平四郎《へいしろう》）は開国論者として知られていたが、小五郎らは長州藩とのあいだに共通の諒解を成立させた。長州藩が唱える破約攘夷の本質は、開国への過程の手続きであることを理解させたのだ（大江志乃夫『木戸孝允』）。

小五郎は諸藩が連携して幕府に対抗する勢力を築き、政治改革を進めようと考えてきた。ところが各藩の考え方は、そこまで成熟していない。むしろ藩同士の功名争いで走り回る者が多いのだ。小五郎の周囲でも、周布が土佐《とさ》藩前藩主山内豊信《やまうちとよしげ》（容堂《ようどう》）▲を批判したため、二度も土佐藩士とのあいだに刃傷《にんじょう》沙汰《ざた》寸前のトラブルが起こった。あるいは高杉晋作《たかすぎしんさく》や久坂玄瑞《げんずい》は、生麦《なまむぎ》事件を起こした薩摩藩への対抗意識もあり外国人暗殺を企てたりする。

それでも松陰《しょういん》のように強引に、突き進まないところが小五郎らしい。現実を理解した小五郎の言動に、変化がみられるようになる。十二月ごろ、長州藩士松島剛蔵《まつしまごうぞう》宛と思われる意見書に、「今日より割拠《かっきょ》の覚悟をきめ、防長を一天地とあい心得候て、速《すみ》やかに用意つかまつらずては、真に他日勤王《きんのう》の決戦も六《む》つ

▼**横井小楠**　一八〇九〜六九年。肥後《ひご》藩士。通称平四郎《へいしろう》。「学政一致《がくせいいっち》」「経世安民《けいせいあんみん》」の学問が必要と主張。一八五八（安政五）年、越前藩の政治顧問となり藩政改革を指導し、財政を立てなおす。一八六三（文久三）年に失脚して帰国。新政府の徴士《ちょうし》、参与となったが、京都で暗殺された。

▼**山内容堂**　一八二七〜七二年。土佐藩主。名は豊信。吉田東洋《よしだとうよう》を登用し、藩政改革を進める。将軍継嗣問題で一橋慶喜擁立のため尽力したが敗れ、三三歳で隠居する。公武合体を推進し、土佐勤王《きんのう》党を弾圧。大政奉還《たいせいほうかん》を建白し、実現させた。新政府の議定となる。

か敷《し》くと存じ奉り候」(『木戸孝允文書』一)とあるのだ。この日から小五郎は長州藩(防長)を「割拠」させ、独自の活動を進め、将来に備えると決意したのだった。

将軍上洛と政変

一八六三(文久三)年になると、朝廷の反幕勢力と結びついた長州藩の暴走は過激の度を増した。朝廷から再三にわたり攘夷を督促された将軍家茂《いえもち》は三〇〇〇人を率いて上洛し、三月四日、二条城《にじょう》にはいる。三代家光《いえみつ》以来、二二九年ぶりの将軍上洛だ。こうして政局の中心は江戸から京都へと移り、江戸にいた小五郎ら長州藩士たちもつぎつぎと京都をめざす。

小五郎らは上洛した家茂を、天皇の権威を盾にして追いつめてゆく。三月十一日、攘夷祈願のための上賀茂《かみがも》神社・下鴨《しもがも》神社への行幸《ぎょうこう》が行われ、これに家茂を供奉《ぐぶ》させる。あるいは四月十一日にも、長州藩の建議による石清水《いわしみず》八幡宮へ攘夷祈願の行幸が行われた。さらに家茂は四月二十日になり、攘夷実行の期限を「五月十日」にすると、天皇の前で約束させられる。

こうして五月十日がくると、長州藩は本州の最西端、下関《しものせき》(馬関《ばかん》・赤間関《あかまがせき》)沿岸に築いた砲台から、関門海峡《かんもん》を通航するアメリカやフランスの商船をつぎつぎと砲撃し、攘夷を断行した。藩主父子も、山陰の萩よりも地の利をえた周防《すおう》山口《やまぐち》(現、山口市)に居を移す。

藩主父子から下関防御をまかされた高杉晋作が、庶民も動員して奇兵隊《きへいたい》という軍隊を結成したのもこのころだ。かつて小五郎が、庶民の郷土意識を国防の軍事力に利用しようと建白したことがあるが、晋作はその影響を受けたのかもしれない。以後、長州藩では雨後のタケノコのように、同じような性格をもつ軍隊がつぎつぎと生まれた。遊撃隊《ゆうげきたい》・御楯隊《みたてたい》・八幡隊《やはたたい》などなど、これらは「諸隊」と総称される。その数は現在確認されているだけで、四〇〇を数える(『山口県史』史料編・幕末維新6)。

ただ、こうした過激な攘夷活動は長州藩の表の顔であり、裏の顔もある。小五郎らは攘夷の次に訪れるであろう新しい開国の時代に備え、横浜《よこはま》から五人の密航留学生をイギリス・ロンドンに送り込んだ。横浜発は五月十二日だから、攘夷断行とほぼ同時である。

国禁をおかして海を渡る五人は井上聞多《いのうえぶんた》(馨《かおる》、のち初代外務大臣)・伊藤俊輔《いとうしゅんすけ》

長州藩密航留学生　長州藩が攘夷断行の裏でロンドンに送り込んだ。左より井上聞多(前列)・遠藤謹助・野村弥吉・山尾庸造・伊藤俊輔。

四カ国連合艦隊との戦いに敗れ炎上する下関(馬関)**の台場**(『イラストレイテッド・ロンドン・ニュース』)

（博文《ひろぶみ》、のち初代内閣総理大臣）・遠藤謹助《えんどうきんすけ》（のち造幣局長）・野村弥吉《のむらやきち》（井上勝《まさる》、のち初代鉄道局長）・山尾庸造《やまおようぞう》（庸三、のち工部卿《こうぶきょう》）。五人は出発前夜の五月十一日、密航を手配してくれた小五郎や周布ら藩政府要人宛に長文の手紙を書いている（中原邦平『井上伯伝』）。実は旅費が大幅に不足したため、彼らは独断で江戸の藩邸にあった一万両もの大金を担保とし、商人から五〇〇〇両を融通してもらったのだ。手紙ではその経緯を説明して何度も謝罪したあと、それでも「生きた器械」を買ったと考え、認めてほしいと述べている。

八月十八日の政変

孝明天皇は長州藩など過激な尊攘《そんじょう》派の暴走を、苦々しく思うようになる。天皇は攘夷論者ではあるが、討幕《とうばく》論者ではない。みずから陣頭に立つのではなく、将軍が外敵を打ち払ってくれれば、それでいいのだ。にもかかわらず、八月十三日にだされたのは、天皇の真意とはかけ離れた大和《やまと》行幸の詔《みことのり》だった。天皇が大和の春日社《かすがしゃ》や神武《じんむ》天皇陵に参り、攘夷親征《しんせい》の軍議を開くというものだ。親征だから、すでに将軍の権限を否定したに等しい。

七卿落ち（一八六三〈文久三〉年八月。「三条実美公履歴」）

自分の真意が叡慮《えいりょ》として外部に伝わらない天皇は、中川宮朝彦親王《なかがわのみやあさひこしんのう》に不満をもらす。それが日ごろから長州藩に対し対抗意識をいだいていた薩摩藩や京都守護職《しゅごしょく》の会津《あいづ》藩に伝わる。こうして公武合体派による、尊攘派追落し計画が進む。八月十八日、薩摩・会津藩兵が固めた御所《ごしょ》内で、三条実美《さんじょうさねとみ》ら長州よりの公卿《くぎょう》を除く会議が開かれた。そこで三条らの参内《さんだい》禁止が決まり、長州藩は御所警備の任を解かれ、大和行幸も延期となる。八月十八日の政変だ。

三条ら七卿は京都を脱し、長州藩地に逃れた。また二十六日には、天皇は在京の諸侯《しょこう》を集め、政変を正当化する意味の詔をくだした。これまでの勅は「真偽不分明」だが、十八日以後は「真実」だという苦しいものだ。天皇が偽勅の存在を認めたから、その衝撃も大きかった。天皇の権威を盾とし、幕府を追いつめてきた尊攘派は、今度は天皇の権威により駆逐されたのである。

政変が起こるまで、小五郎はなにも異変に気づかなかったようだ。小五郎は七卿を兵庫まで見送ったあと、京都に戻った。そして「新堀松輔《しんぼりまつすけ》」と変名して情報収集にあたり、復権の機会を探る。その後、藩主に召されて帰国した小五郎は、十月三日、直目付《じきめつけ》となり、奥番頭格《おくばんかしらかく》に列せられる。藩主に側近として直属し、藩政全般を統括する要職だ。

長州藩はあくまで天皇の意志を奉じ、攘夷のために尽力しただけであり、功こそあれ、罪などないと考えている。にもかかわらず、使者に弁明書をもたせて上方《かみがた》に送っても、京都入りすら認められない。長州藩は今日の不遇は、すべて薩摩・会津藩の謀略によるものと信じることにした。血気盛んな若者たちは「薩賊」「会奸」と下駄《げた》に書き、踏みつけて歩く。そのうち、敵を武力で蹴散らして嘆願をとげようとする進発派が、藩内で勢いを強めた。主唱者は、三条らに従い長州藩に身をよせていた久留米水天宮《くるめすいてんぐう》の神主真木和泉《まきいずみ》だ。

それでも進発に反対する小五郎はふたたび自身が京都にのぼり、対外折衝により失地回復を実現したいと願い出る。その決意を知った藩主は一八六四(元治《げんじ》元)年一月五日、直目付の役を免じ、小五郎を京都に派遣した。小五郎は世子から刀をあたえられ、励まされて旅立ってゆく。

禁門の変

尊攘派を追い出したあとの京都政局は、確たる方針が定まらず混迷していた。

朝廷から参与《さんよ》に任ぜられた一橋慶喜・島津久光（薩摩）・松平慶永（越前）・伊達《だて》宗城《むねなり》▲（宇和島《うわじま》）・山内豊信（土佐）ら諸侯による「参与会議」で進めようとしたが、これも意見が対立して一八六四（元治元）年三月には分裂してしまう。

京都にはいった小五郎は因州《いんしゅう》（鳥取）・筑前《ちくぜん》（福岡）藩などを説いて理解をえようとするが、うまくゆかない。五月二日、小五郎は乃美織江《のみおりえ》とともに京都留守《るす》居《い》役に任ぜられ、名実ともに長州藩京都外交の一線に立った。

六月五日深夜には、「池田屋事件《いけだやじけん》」が起こる。京都守護職支配下の新撰組《しんせんぐみ》が、長州系の尊攘派浪士を三条小橋《さんじょうこはし》の旅宿池田屋で密会中に襲撃したのだ。吉田《よしだ》稔麿《としまろ》（長州）・宮部鼎蔵《みやべていぞう》（熊本）ら七人が殺され、二三人が捕縛された。小五郎は会合に参加しようと池田屋に赴いたが、時間が早かったため対馬《つしま》藩邸に戻ったという。その間に事件が起こり、偶然助かったのだと後年回顧する。

池田屋事件の知らせは、長州藩の進発派をさらに激高させた。長州の軍勢が続々と京都をめざす。進発を中止させようとした高杉晋作は君命違反で投獄された。周布も、晋作を獄中にたずねた罪により失脚。小五郎も京都にいて、進発に傾く藩内の動きを阻止することができなくなる。

▼**伊達宗城**　一八一八〜九二年。宇和島藩主。殖産興業《しょくさんこうぎょう》・富国強《ふこくきょう》兵《へい》を推進。将軍継嗣問題で敗れ、謹慎・隠居を命じられる。一八六三（文久三）年に朝政《ちょうせい》参与となるもまもなく辞任。維新後は新政府の議定となり、民部卿《みんぶきょう》・大蔵卿《おおくらきょう》などを歴任した。

禁門の変（「蛤御門合戦図屏風《びょうぶ》」部分）

そして、嘆願が受けつけられぬと知るや、京都近郊に駐屯していた長州軍は七月十八日夜、家老福原越後《かろうふくはらえちご》・益田右衛門介《ますだうえもんのすけ》・国司信濃《くにししなの》に率いられ、御所に向けて進撃を開始した。十九日、御所を守る薩摩・会津藩などの軍勢と武力衝突し、数時間にわたる激戦の末、長州勢は敗れ、二〇〇人からの味方の遺骸を戦場に放置したまま逃げ去る。禁門《きんもん》の変《へん》とか蛤御門《はまぐりごもん》の変と呼ばれる戦いだ。尊攘運動の指導者だった真木和泉・来島又兵衛《きじままたべえ》・久坂玄瑞・入江九一《いりえくいち》・寺島《てらしま》忠三郎《ちゅうざぶろう》らも、この戦いで生命を散らせた。

開戦に反対だった小五郎は戦闘には参加せず、かねてからの内約どおり、因州藩とともに有栖川宮《ありすがわのみや》を奉じて決起しようとする。ところが因州藩は、長州藩の進撃を暴挙であると非難して動かなかった。それからの数日、小五郎は三本松《さんぼんまつ》の芸妓幾松《いくまつ》に助けられ、残党狩りの厳しい目を盗みながら京都市街各所に潜伏する。幾松は若狭小浜《わかさおばま》出身で、京都で藩の外交官をつとめていた小五郎と恋に落ちた。のち、小五郎は幾松を長州藩士岡部《おかべ》家の養女としたうえで、妻として迎えている。

やがて小五郎は、京都脱出に成功した。対馬藩邸に出入りしていた出石《いずし》（現、兵庫県豊岡市《とよおか》)の人広戸甚助《ひろとじんすけ》の手引きにより、但馬《たじま》地方へと潜伏したのだ。小五郎は出石城下や城崎《きのさき》温泉など各所を転々とし、「逃げの小五郎」と揶揄《やゆ》されながらも、再挙の機をうかがう。

朝敵の汚名

孝明天皇は一八六四(元治元)年七月二十三日、「禁門の変」で御所に攻めよせた長州藩を征討するよう、幕府に命じた。勅命を受けた幕府は二十四日、西国《さいごく》諸藩に長州征討を命じる。さらに朝廷は長州藩主父子に「朝敵《ちょうてき》」の烙印《らくいん》を押し、官位を奪った。

八月になると、関門海峡にイギリス・アメリカ・フランス・オランダ四カ国からなる連合艦隊一七隻が来襲し、下関沿岸を砲撃した。前年五月からの攘夷活動で関門海峡が封鎖されたため、貿易の不利益をこうむった列強は、武力解決の道を選んだのだ。長州藩では奇兵隊が下関砲台を死守して奮戦したが、近代兵器の前にもろくも敗れ去った(三三ページ下写真参照)。ここで長州藩は攘夷に一応のピリオドを打ち、海峡の通航安全や砲台破壊を約束して、外国人の下関上陸を認めるなどの講和条約を締結する。

京都、下関と立て続けに敗れた長州藩では、大きな政権交代が起こった。それまで攘夷を振りかざし、暴走を続けてきた「正義派」が失脚。かわりに「俗論派」が台頭したのだ。元来「正義」対「俗論」の争いは、村田清風《むらたせいふう》が行った天保《てんぽう》の改革《かいかく》をめぐる政争だった。清風らはみずからを「正義」と呼び、改革のいきすぎを是正しようとする坪井九右衛門《つぼいくえもん》▲ら政敵を「俗論」と呼んだ。幕末《ばくまつ》では清風直系が周布政之助、坪井直系が椋梨藤太《むくなしとうた》▲である。

「俗論派」は征長軍に対し、恭順《きょうじゅん》謝罪する。福原・益田・国司の三家老に「禁門の変」の責をおわせて切腹させ、さらに宍戸左馬介《ししどさまのすけ》・竹内正兵衛《たけうちしょうべえ》・佐久間佐兵衛《さくまさへえ》・中村九郎の四参謀を野山獄《のやまごく》で斬った。藩主父子は萩《はぎ》の寺院で謹慎し、山口の藩庁も一部破壊。三条実美ら五卿（七卿のうち一人が脱走、一人が病死）を、九州へ移すと決めた。その結果、征長軍は不戦解兵する。それ以前に追いつめられた周布は自決し、高杉晋作は脱藩し九州に逃れていた。

だが、このような状況を不服とする晋作は帰国し、十二月十五日、一〇〇人に満たない遊撃隊を率いて下関新地《しんち》の藩会所《はんかいしょ》を襲撃して藩政府打倒を叫んだ。

▼坪井九右衛門　一八〇〇〜六三年。長州藩士。村田清風の強引な財政改革に反対し、公内借捌《くないしゃくさばき》の仕法を実施した。また上方との物産交易に取り組み、藩財政を改革するも「俗論派」首領として、政敵「正義派」により処刑された。

▼椋梨藤太　一八〇五〜六五年。長州藩士。坪井九右衛門直系として藩政改革を進め、「正義派」と藩の主導権をめぐり対立を繰り返す。長州征討軍に恭順の意をあらわしたが藩内戦で敗れ、処刑された。

やがて傍観を続けていた奇兵隊・御楯隊・八幡隊などの諸隊も晋作の決起に呼応する。

明けて一八六五(慶応《けいおう》元)年一月、藩政府軍と諸隊軍は下関と萩の中間にあたる大田《おおだ》・絵堂《えどう》(現、山口県美祢《みね》市)で激戦を繰り広げたが、その結果、決起側が勝利し、中立派が組織されて「俗論派」は藩政府から斥けられてゆく。「俗論派」の要人は捕えられ、椋梨は閏五月二十八日、野山獄で斬られた。

二月十九日には萩城内で大会議が開かれ、二十二日から三日間、祭事が行われて、藩主父子はみずからの「不明不徳」を先祖の霊に対して謝罪する。「正義派」が復権し、刷新された長州藩にとり、桂《かつら》小五郎は必要な人材だった。しかし藩内で小五郎の潜伏先を知るのは、村田蔵六《むらたぞうろく》▲(大村益次郎《おおむらますじろう》)・伊藤俊輔ら数人にすぎない。

情勢探索のため長州藩に赴いていた広戸甚助は一八六五年三月、幾松をともない、小五郎が待つ出石に帰ってくる。幾松は新撰組からも狙われたため京都を脱し、いったん対馬に逃れたあと、長州で小五郎の同志らにかくまわれていたのだ。驚く小五郎に幾松は、藩論転換を語って聞かせた。

▼**村田蔵六**　一八二四〜六九年。長州藩士。大村益次郎。適塾《てきじゅく》に学ぶ。宇和島藩、幕府をへて一八六〇(万延《まんえん》元)年、長州藩に雇われ、のち軍制改革を指導。新政府で戊《ぼ》辰《しん》戦争の作戦を立て、兵部大輔《ひょうぶのたいふ》となり徴兵制《ちょうへいせい》を唱えたが、不平士族《ふへいしぞく》に暗殺された。

出石城下宵田《よいだ》町の一角に建つ「勤王志士桂小五郎再生之地」の碑（兵庫県豊岡市）　ここで小五郎は商人に身を変えて潜伏した。

出石潜伏中の小五郎がよく訪れ、出石藩士と碁を打ったという昌念寺《しょうねんじ》（兵庫県豊岡市）

桂小五郎が帰国途中に立ち寄った楠木正成墓所（神戸市中央区湊川神社）

これにより小五郎は、帰国を決意する。「朝霧の晴れ間はさらに富士の山」と宿の板戸に記し、四月八日、幾松や広戸兄弟とともに出石を発って、ひとまず大坂へでた。ここで幕府役人から尋問を受けたがうまく切りぬけ、下関商人の持ち船をみつけて乗り込む。船が神戸沖へでると、小五郎は一気に緊張がゆるんだらしい。「早《はー》最《もう》善《よ》シ」と、その口からはじめて長州弁がでたと、甚助の弟広戸直蔵《なおぞう》は書き残している(『維新《いしん》史蹟但馬出石に隠れたる木戸松菊公遺芳集』)。

同じく直蔵手記には、小五郎が神戸に上陸し、湊川で楠木正成墓所に参ったとの記述もある。小五郎はかつて「楠公湊川」の「決心」を利用して藩内を結束させ、攘夷を煽った張本人だ。そのため、多くの若者の生命が失われたが、「逃げの小五郎」は生き残った。ちなみに小五郎らが掲げた、天皇の意志ならば、精神主義で戦いに臨むといった正成像は以後、太平洋戦争終結まで、繰り返しあらわれることになる(拙著『幕末・英傑たちのヒーロー』)。

③—朝敵から官軍へ

「待敵」という方針

「長州《ちょうしゅう》征討」は長州藩《はん》の恭順《きょうじゅん》謝罪で不戦解兵に終った。ところが幕府《ばくふ》内には長州憎しとの感情が根強くあり、不満の声が高まる。そこで幕府は、長州藩が一度服罪したにもかかわらず、ふたたび「長州征討」を進めようとした。一八六五（慶応《けいおう》元）年閏《うるう》五月、将軍家茂《いえもち》は軍勢を率いて大坂まで進み、京都にはいって孝明《こうめい》天皇に挨拶をする。だが、勅許《ちょっきょ》はただちにはあたえられなかった。ふたたび長州藩を攻める大義名分《たいぎめいぶん》が、希薄だったからである。このため家茂は、大坂にとどまることとなった。

藩地に戻った小五郎《こごろう》は藩政府からの要請で五月十三日、藩庁のおかれた山口へ赴き、翌十四日には藩主に謁して今後の藩の方針についての意見を述べた。同月二十七日には政事堂用掛《せいじどうようがかり》および国政方用談役心得《こくせいかたようだんやくこころえ》勤務を命ぜられ、藩政の第一線に復帰する。

再度の「長州征討」の動きに対して小五郎は、目にみえる形で防長《ぼうちょう》二州の一

山口藩庁門（山口市）　長州藩は政治の中心地を萩よりも地の利をえた周防山口に移した。廃藩後は山口県庁がおかれ、現在にいたる。

和を外部にアピールし、民政軍制を整理することが先決だと唱えた。そこで長《ちょう》府《ふ》・徳山《とくやま》・清末《きよすえ》の支藩《しはん》主と岩国《いわくに》の吉川監物《きっかわけんもつ》を山口の宗藩《そうはん》主（毛利《もうり》本家）のもとに集結させる。さらに参政《さんせい》山田宇右衛門《やまだうえもん》とはかり、西洋兵学者《へいがくしゃ》の村田蔵六《むらたぞうろく》を抜擢し、西洋式に徹した軍制改革を推進した。

長州藩の方針は「待敵《たいてき》」でかたまってゆく。閏五月二十七日、杉孫七郎《すぎまごしちろう》宛小五郎書簡（『木戸孝允文書』二）によると、「待敵」とは、長州藩側が「最初公明正大の大義」をもって幕府と「応接」しても、理不尽に侵略してくるときは、「正義」をもって抗戦する、武備恭順の「覚悟」なのである。六月五日には藩内に「待敵令」がだされ、庶民にいたるまで公布された。

薩摩藩との提携

「待敵」と同時に小五郎が取り組んだのは、八月十八日の政変以来、対立を続けてきた薩摩《さつま》藩との関係修復だ。一八六五（慶応元）年五月、小五郎は周囲と協議のうえ、九州大宰府《だざいふ》にいる三条実美《さんじょうさねとみ》ら五卿《ごきょう》に手紙を送り、薩摩藩の真意を探る。長州から大宰府に移された三条らを護衛していたのが、薩摩藩だった。

やがて届いた三条の返事には、薩摩藩が最近変わりつつあり、長州藩との提携も可能だとの旨が述べられていた。

続いて長州藩は、長府藩士時田少輔《ときたしょうすけ》と宗藩の藩士小田村素太郎《おだむらそたろう》（楫取素彦《かとりもとひこ》）を大宰府に派遣し、ようすを探る。その際、薩摩藩の意を受け大宰府を訪れていたのが、土佐浪士《とさろうし》の坂本龍馬《さかもとりょうま》▲だ。龍馬と話した小田村らは薩摩藩の変化を確認し、小五郎に手紙で知らせる。これに対し小五郎は、龍馬に下関《しものせき》へくるよう返事をした（『防長史談会雑誌』三三）。かつて小五郎が江戸で剣客として名を売ったころ、龍馬も北辰一刀流《ほくしんいっとうりゅう》の道場で修行していた。小五郎対龍馬の試合は創作の域をでないが、それでもたがいに名前くらいは知っていただろう。

実は、龍馬を庇護する薩摩藩も、このころになると長州藩との和解の道を模索していた。元来、どちらの藩も幕府独裁に批判的な外様大名《とざまだいみょう》である。それに、中央政局に強い野心をいだく薩摩藩にすれば、関門《かんもん》海峡を擁する長州藩と敵対関係を続けるのは得策ではない。しかも長州藩は、前年の四カ国連合艦隊との戦いに敗れ、過激な攘夷路線をすてている。旧怨をすてれば、手を結べない相手ではないのだ。

▼**坂本龍馬**　一八三五〜六七年。土佐藩士。土佐勤王党《きんのうとう》に参加。一八六二（文久《ぶんきゅう》二）年に脱藩して勝海舟に海軍を学ぶ。薩長間を周旋。一八六七（慶応三）年に帰藩を許され、海援隊《かいえんたい》長となる。大政奉還を提唱したが、暗殺された。

こうして閏五月六日、藩命を受けて下関に出張した小五郎は、龍馬と土佐浪士の土方楠左衛門《ひじかたくすざえもん》（久元《ひさもと》）にあう。龍馬と土方は、海路、薩摩から上方《かみがた》に向かう途中の西郷吉之助《さいごうきちのすけ》（隆盛《たかもり》）にあうよう、小五郎に勧めた。そこで小五郎は、下関で西郷を待つ。ところが二十一日になり、西郷が京都で急務が生じたため、下関に立ち寄れなくなったとの知らせが届き、最初の薩長《さっちょう》会談は頓挫する。面目を潰された小五郎だったが、諦めなかった。ここで龍馬らに対し、一つの提案をする。長州藩の武器購入のため、薩摩藩名義を使わせてほしいと斡旋を依頼したのだ。そうすれば経済活動を通じて両藩が接近し、和解につながるとの期待もあった。

そのころ長州藩の軍制改革は、軍備不足という問題に直面していた。同年五月、幕府を支援するフランスの提案で、イギリス・アメリカ・オランダは密貿易禁止を申し合わせたのだ。これにより、「朝敵《ちょうてき》」の烙印《らくいん》を押された長州藩が、幕府の開港場において正規ルートで武器を購入するのは不可能となった。それでも長州藩は藩士青木郡平《あおきぐんぺい》を長崎に派遣し、英商トーマス＝グラバーにひそかな購入を打診するが、断わられてしまう。

幕末ごろの大久保利通

▼亀山社中　一八六五（慶応元）年、長崎亀山において薩摩藩の庇護下で結成された浪士の結社。薩摩藩名義で購入した小銃や軍艦を長州藩に輸送した。一八六七（慶応三）年、坂本龍馬を隊長とする海援隊へと発展したといわれる。

▼小松帯刀　一八三五〜七〇年。薩摩藩家老。藩主の父島津久光《ひさみつ》の側近として公武合体《こうぶがったい》、討幕運動を推進。薩長提携に尽力した。将軍慶喜に大政奉還を勧める。新政府の参与、総裁局顧問などをつとめた。

そこで小五郎はイギリス帰りの井上聞多《いのうえぶんた》と伊藤俊輔《いとうしゅんすけ》を長崎に送り込み、薩摩藩名義での武器購入にあたらせる。今回は珍しく、小五郎の独断だった。それほど切迫していたのだろう。長崎に到着した井上と伊藤はまず、亀山社中《かめやましゃちゅう》▲を訪れた。そして社中を取り仕切る土佐浪士上杉宋次郎《うえすぎそうじろう》（近藤長次郎《こんどうちょうじろう》）の紹介で、薩摩藩家老《かろう》小松帯刀《こまつたてわき》▲にあう。こうして薩摩藩の協力を取りつけ、グラバーから小銃七三〇〇挺と木造蒸気船ユニオン号を購入することに成功した。当初は藩の海軍局が小五郎の独断を非難する一幕もあったが、成功するや一転して小五郎の功績が認められた。

さらに井上は、上杉の勧めにより小松に従い、長崎から薩摩に赴き、家老の桂右衛門《かつらうえもん》や大久保一蔵《おおくぼいちぞう》（利通《としみち》）ら要人にあって薩長和解につき話し合った（中原邦平『井上伯伝』）。帰国した井上の報告を受けた長州藩主父子は、九月九日付で薩摩藩主父子に親書を送り、「万端氷解に及び候」と伝えている（『鹿児島県史料・忠義公史料』三）。小五郎が期待したとおり、武器購入をとおして、薩長間の感情的な対立は緩和されていったのだった。

薩摩藩との会談

長州藩は一八六五（慶応元）年九月二十九日、「桂小五郎孝允」を「木戸貫治《かんじ》孝允」と改めさせた。通称はのちに「準一郎《じゅんいちろう》」となり、そして維新《いしん》後は諱《いみな》のほうをとって「木戸孝允」と名乗る。すでに桂小五郎は、幕府から注目されていた。その追及から逃れるために籍を変え、名を変え、別人になる必要があったのだ。木戸姓はここに始まる。同時に「高杉和助《わすけ》（晋作《しんさく》）春風《はるかぜ》」も、「谷潜蔵《たにせんぞう》春風」と改名した。

本書でも以後は、原則として木戸の名を使うことにしよう。

将軍家茂は大坂からふたたび京都にはいり、九月二十一日、長州の支藩主に上坂を命じても応じないなどの理由で、長州再征討の許可を孝明天皇に求めた。これに対し天皇は、家茂に剣をあたえ、勅許をあたえる（『孝明天皇紀』五）。ところが、薩摩藩は大義名分がないと、長州出兵の勅《ちょく》がでることに反対した。その意を朝廷《ちょうてい》側に伝えた大久保一蔵は、九月二十三日、西郷宛の手紙で「非義の勅命《ちょくめい》は勅命にあらず候」（『大久保利通文書』一）と言い切り、これを藩の方針として龍馬を使い長州藩にも伝えた（佐々木克『幕末政治と薩摩藩』）。

幕府は、大目付《おおめつけ》永井主水正《ながいもんどのしょう》を問罪使《もんざいし》として広島に送り込む。長州藩の非を詰問《きつもん》し、その処分を決めるためだ。正念場に立たされた「朝敵」長州藩を、中央政局に影響力をもつ薩摩藩が、いかにして救済するかが次なる課題となってくる。十二月になり薩摩藩士黒田了介《くろだりょうすけ》(清隆《きよたか》)が京都から下関を訪れ、両藩首脳の会談を行うため、木戸に上京をうながした。十二月二十一日、藩主は木戸を召し、形勢探索を名目に上京を命じる。こうして木戸は薩摩藩士と会談するため、品川弥二郎《しながわやじろう》ら数人とともに海路、上方へと向かう。一行の大坂着が一八六六(慶応二)年一月四日。八日に伏見《ふしみ》にいたり、ついで京都二本松《にほんまつ》の薩摩藩邸にはいった。

木戸は薩摩藩首脳である桂右衛門・小松帯刀・西郷吉之助・大久保一蔵・吉井幸輔《よしいこうすけ》(友実《ともざね》)らと会談を重ねる。ところが木戸の「自叙」(『木戸孝允文書』八)によると、「両藩の間に関係するの談に及ばず」という膠着《こうちゃく》した状態が十数日も続く。薩長の協力関係をめぐり、なんらかのトラブルが生じたようだ。

二十日になり、坂本龍馬が薩摩藩邸にやってきた。龍馬は両藩の誓約がまとまっていない状況を知って憤慨し、木戸をなじったという。それでも帰国しよ

▼**黒田了介**　一八四〇〜一九〇〇年。薩摩藩士。清隆。薩長提携などに尽力。戊辰《ぼしん》戦争で参謀として箱館《はこだて》攻略を指揮。一八七〇(明治三)年、北海道開拓使《かいたくし》長官となり、のち官有物払下《かんゆうぶつ》げ事件を起こす。一八八八(明治二十一)年に総理大臣となるが、条約改正《じょうやくかいせい》に失敗。

うとする木戸に、龍馬は話合いを続けるよう説得する。だが、木戸は長州藩のプライドを主張し、聞き入れようとしなかった。かくまで、譲歩できない点とはなんだったのか。「自叙」(『木戸孝允文書』八)のなかに、木戸は具体的に書き残していない。だから後世、講談・小説で有名などちらが先に頭をさげるかで意地を張り合っていたのが、龍馬の一喝で西郷も木戸も反省したといった、「龍馬英雄伝説」が生まれてゆく。

木戸がこだわった問題点とは、いずれ勅として突きつけられるであろう「長州処分」を、長州藩が呑むか否かであった。西郷ら薩摩藩は長州藩に、処分を一応承服させようとした。そうすればやがて上京も許され、復権も可能だと考えた。しかし長州藩を代表する木戸は、処分の受入れ拒否を主張する。長州藩としては、最初の「長州征討」で三家老を切腹させるなどして、処分は受けている。にもかかわらず、ふたたび処分を受けるなど、「待敵」の方針からして認められない(青山忠正『明治維新と国家形成』)。

結局、西郷らは長州藩の処分拒否の決意を認め、木戸を引きとめて会談が再開され、両藩の協力関係が具体的に決められてゆく。

しかし、それはあくまで密約で、成文化《せいぶんか》されたものではない。さすがに「朝敵」と提携しようというのだから、薩摩藩にとっても危険な綱渡りであり、慎重にならざるをえない。この点、木戸は不安を感じる。一月二十三日、薩摩藩側と取り決めた内容を六カ条に分けて書きだし、龍馬に示して裏書きを頼んだ。後日、龍馬は少しも相違ないと朱筆で記してくれたが、薩摩藩の人物の裏書きでなければ、効力は乏しい。しかしそれは、この時点の長州藩の立場では望めないのだ。

木戸の手紙（『木戸孝允文書』二）によると、征長軍と長州藩のあいだで開戦した場合、しなかった場合、長州藩が敗れた場合などが細かく想定されている。そして薩摩藩がいかに天皇に働きかけ、長州藩の復権を実現させるかが具体的に決められた。長州藩の復権を、一橋慶喜《ひとつばしよしのぶ》（禁裏守衛総督《きんりしゅえいそうとく》・摂海《せっかい》防御御指揮）・会津《あいづ》藩主松平容保《まつだいらかたもり》（京都守護職《しゅごしょく》）・桑名《くわな》藩主松平定敬《さだあき》（京都所司代《しょしだい》）が阻止するならば、つまり天皇が考えを変えなければ、武力による決戦も辞さないともいう。この「一会桑《いちかいそう》」は、禁門《きんもん》の変《へん》直後から将軍進発を熱心に唱えており、天皇との信頼関係もあつい。

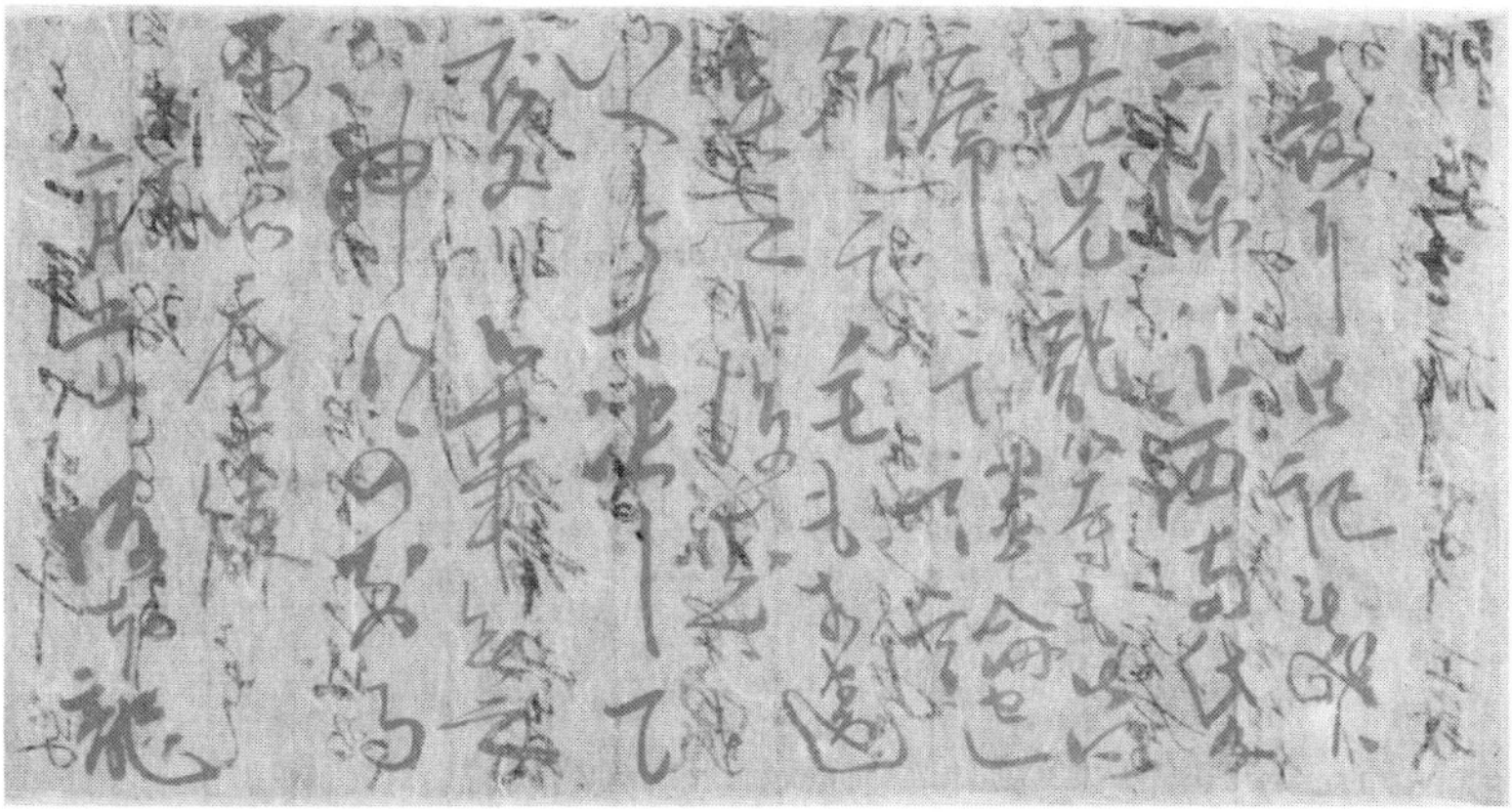

龍馬の裏書き　木戸が薩摩藩とのあいだに取り決めた内容を6カ条に分けて書きだし，龍馬が少しも相違ないと朱筆で裏書きをした。

坂本龍馬

西郷隆盛

長州藩にかぶせられたのは「冤罪《えんざい》」だと、何度も主張されている点も重要である。天皇の決定を絶対視するのではなく、誤りを正させようとの意思があるのだ。そして最後、冤罪が晴れたあかつきには、両藩が誠心をもって力をあわせ、皇国《こうこく》のためにつくそうと力強く締めくくるのである。

このような談判が行われたのと同じころ、薩摩藩邸と道一つ隔てた南側の御《ご》所《しょ》内では、長州処分が決められようとしていた。二十二日に幕府が奏請《そうせい》し、翌二十三日に朝廷が許可している。それは長州藩主の隠居、世子《せいし》の永蟄居《えいちっきょ》、一〇万石削除《ごく》という、幕府側としては最大の譲歩案だった。

木戸は大坂にでて、それから薩摩藩船で海路帰国した。途中、二十七日、広島に上陸し、幕府使節を相手に談判する長州藩士宍戸《ししど》備後助《びんごのすけ》(璣《たまき》)を訪れる。木戸は薩摩藩の後ろ盾が決まったことや、長州処分について宍戸に知らせた。以後、宍戸はそうした情報を前提として談判を進める。山口に帰った木戸は二月六日、藩主父子に復命し、大任を果たしたのだった。

第２次長州征討に向かう将軍家茂の江戸進発（1866〈慶応２〉年。「長州再征軍進発図」）

第二次幕長戦争

一八六六（慶応二）年三月、高杉晋作《たかすぎしんさく》は薩摩藩主父子宛の長州藩主の親書や贈答品を届けるため、長崎の薩摩藩邸を訪れている。親書には「方今《ほうこん》、尊藩を除くの外、依頼つかまつる諸侯《しょこう》絶ってこれ無く、この上ながら御励精《ごれいせい》、御尽力これ祈り候」とし、前年、蒸気船や小銃の輸入に助力してもらった礼が丁重に述べられている（『高杉晋作史料』三）。

五月一日、幕府は長州藩に対し、さきに決まった一〇万石削除、藩主父子隠居などの長州処分を正式に伝達し、五月二十九日を回答の期限と定める。ところが長州藩は、これを無視した。

また幕府は、自分たちにとり危険分子である高杉晋作や桂小五郎ら計一二人の引渡しを長州藩に要求する。これに対し長州藩側は、高杉は先年脱走、桂は禁門の変以来行方《ゆくえ》知れず、などと出鱈目《でたらめ》な返答をした。そしてついに、将軍進発から一年以上をへた六月七日、第二次幕長《ばくちょう》戦争の火ぶたが切って落とされた。大島口《おおしま》・芸州口《げいしゅう》・石州口《せきしゅう》・小倉口《こくら》と、四つの藩境が戦場となったため、長州藩では四境《しきょう》戦争と呼ぶ。

優れた兵器を備え、官民ともに士気旺盛な長州軍は各地で征長軍を激戦の末撃退してゆく。薩摩藩は盟約により京都に多数の軍勢を入れ、朝廷を威圧する。さらに上方では、戦争による米価高騰にたまりかねた庶民が、一揆《いっき》・打ちこわしを各地で起こす。そして七月二十日には大坂城で将軍家茂が二〇歳で病没し、征長軍は総大将を失ってしまう。

徳川宗家《とくがわそうけ》を継いだのは、慶喜である。ただし、征夷大将軍《せいいたいしょうぐん》職はただちに引き継ごうとしない。慶喜はみずから陣頭指揮をとり、周防山口《すおうやまぐち》まで攻め込むと豪語し、天皇の節刀《せっとう》まで受けた。ところが征長軍の拠点の一つだった小倉城が落ちたと知るや弱腰になり、勅をえて休戦に持ち込もうと画策する。

八月二十一日、幕府は将軍家茂の喪を発表した。翌二十二日には、将軍死去を理由とし、しばらく長州征討を中止するとの勅がでる(『孝明天皇紀』五)。九月二日には、幕府使節の勝海舟《かつかいしゅう》と長州藩代表の広沢藤右衛門《ひろさわとうえもん》(真臣《さねおみ》)らが安芸宮《あきみや》島《じま》で談判を行い、休戦が決まった。幕府は九月十九日、兵を撤すると布告するが、事実上は長州藩の勝利であった。

十月二十二日には薩摩藩の修好使節黒田嘉右衛門《くろだかえもん》らが山口を訪れ、二十四日、

▼**島津忠義**　一八四〇〜九七年。薩摩藩主。茂久《もちひさ》と称す。父久光の後見をえて、公武合体、討幕を推進。維新政府の議定となり、慶喜追討令を発布させた。

長州藩主父子にあう。黒田が携えてきた薩摩藩主父子の親書には、このたびの戦争の勝利を慶《よろこ》び、さらに今後とも親睦を深めたい旨が述べられていた。

これに答えるため長州藩では、木戸を使者に立てて薩摩に出張させる。海路、薩摩にはいった木戸は十一月二十九日、鹿児島城中で薩摩藩主島津忠義《しまづただよし》▲父子とあい、長州藩主父子の親書や贈答品を届け、さらに両藩の親交を深めた。また木戸は、このころ薩摩藩側から提案されていた、関門海峡を封鎖して幕府を経済的に圧迫する、いわゆる「馬関《ばかん》商社」の計画を、藩主の命により断わっている。藩主は「予は必ず正道を践《ふ》みて誠意を天下に通徹せんとす」(『松菊木戸公伝』上)と述べていた。

王政復古

二度にわたる「長州征討」が行われたにもかかわらず、長州藩から「朝敵」の汚名は消えなかった。その原因の一つは、孝明天皇の長州藩に対する怒りがおさまらなかったからである。天皇の意志が変わらぬかぎり、長州藩の立場も変わらない。

一方、徳川慶喜は一八六六(慶応二)年十二月五日、正二位《しょうにい》権大納言《ごんだいなごん》に進み、征夷大将軍に任ぜられた。ところがそれから二〇日後の十二月二十五日、慶喜と信頼関係を築いていた孝明天皇が、三六歳で急死する。喪が発せられたのは同月二十九日だ。病名は疱瘡《ほうそう》とされたが、毒殺の噂《うわさ》もささやかれた。噂の真偽はともかく、政治的影響力の強い存在へと成長していた天皇だけに、その死は政治的大事件となる。一八六七(慶応三)年一月九日に践祚《せんそ》した明治天皇は一六歳であり、国家動乱の指揮をとれる年齢ではない。

それでも慶喜は一八六七年五月、朝廷に乗り込み、一八五八(安政《あんせい》五)年の日《にち》米修好通商《べいしゅうこうつうしょう》条約締結以来の懸案だった兵庫開港への勅許をえるなど、優れた政治手腕をみせつけた。これにより薩長は、慶喜が朝廷を掌握したのではと考え、危機意識を強める。木戸も慶喜を、「胆略決して侮るべからず」「実に家康《いえやす》の再生」と、危険視した(『徳川慶喜公伝』)。さらに木戸は、慶喜がフランスの援助で幕府の独裁力を回復しようとする動きも知る。あるいは三度目の「長州征討」も現実味をおびてきた。

武力を行使して「王政復古《おうせいふっこ》」を実現させようとする薩摩藩の急進派は、九月に藩士大久保一蔵・大山格之助《おおやまかくのすけ》（綱良《つなよし》）を山口に派遣する。木戸・広沢らと会談させ、挙兵討幕《とうばく》のための出兵協約を結んだ。さらに木戸は長州藩の外交官として、肥後《ひご》藩や芸州藩などとも連携しながら、挙兵討幕の準備を進めてゆく。

そして十月十四日、薩摩・長州両藩主に「討幕の密勅《みっちょく》」がくだる。「賊臣《ぞくしん》慶喜」を討ち、「回天《かいてん》の偉勲《いくん》」をなせ、との内容だ。もっともこの「密勅」は、正式な手続きをへて作成されたものではない。いわば「偽勅」をつくるという共同作業を行うことで、討幕派内部の結束を強固にする目的があったとも考えられる（井上勲『王政復古』）。

一方、土佐藩の建白《けんぱく》を採用した将軍慶喜は十月十四日、大政奉還《たいせいほうかん》の上表文《じょうひょうぶん》を差しだし、朝廷は十五日にこれを許可する。慶喜としては日増しに強まる武力討幕の勢いをくじき、あらたに生まれる政権のトップに座るつもりだったようだ。だから政権の基盤となる、天領《てんりょう》（旗本《はたもと》知行地《ちぎょうち》を含めると全国の総石高《こくだか》の四分の一）を手放すつもりはない。

政局は大政奉還の実現により、諸侯会議の方向へと動きだす。朝廷の名のもとに諸侯を招集して会議を開き、今後の事を決めるまでは、従来どおり徳川氏が内政・外政をまかされていた。こうした流れを強引に変え、幕府廃絶を決定的とするため、薩摩や討幕派公卿《くぎょう》の岩倉具視《いわくらともみ》▲らが次に画策したのが「王政復古」の断行である。まず、十二月八日から九日にかけての朝議《ちょうぎ》で、七卿と長州藩主父子の官位復旧が決められ、長年にわたる懸案だった長州処分問題に終止符が打たれた。次に岩倉が、王政復古の勅書と制令を携えて参内《さんだい》する。そして薩摩・尾張《おわり》・越前《えちぜん》・土佐・芸州という五藩の軍事力で固められた御所内で、明治天皇により「王政復古」の大号令が発せられたのだ。

　これにより急転直下、諸侯会議をへずに天皇親政《しんせい》が始動する。従来の摂政《せっしょう》・関白《かんぱく》・将軍・議奏《ぎそう》・伝奏《てんそう》が廃され、総裁《そうさい》・議定《ぎじょう》・参与《さんよ》(三職《さんしょく》)からなる仮政府が誕生した。ただし、新政権のなかに慶喜の名はなかった。さらに九日夜、小御所《こごしょ》において天皇臨席のもと、はじめての三職合同会議が開かれ、慶喜の辞官納地《じかんのうち》も決定する。有無をいわさず官賊が逆転し、時代は急速に、大きく転換を始めた。

　こうした中央での動きに対応するため、木戸は藩地にあり、復権の準備を整えていたようすが史料からうかがえる。十一月二十五日には長州軍の先鋒一二

▼**岩倉具視**　一八二五〜八三年。公卿。政治家。和宮降嫁《かずのみやこうか》成立に尽力したため尊攘《そんじょう》派が台頭するや失脚し、郊外に閉居。薩摩藩と結び、王政復古を画策した。新政府の副総裁、大納言などを歴任し、一八七一(明治四)年には正使として欧米諸国を巡回。征韓論《せいかんろん》に反対し、斥けた。

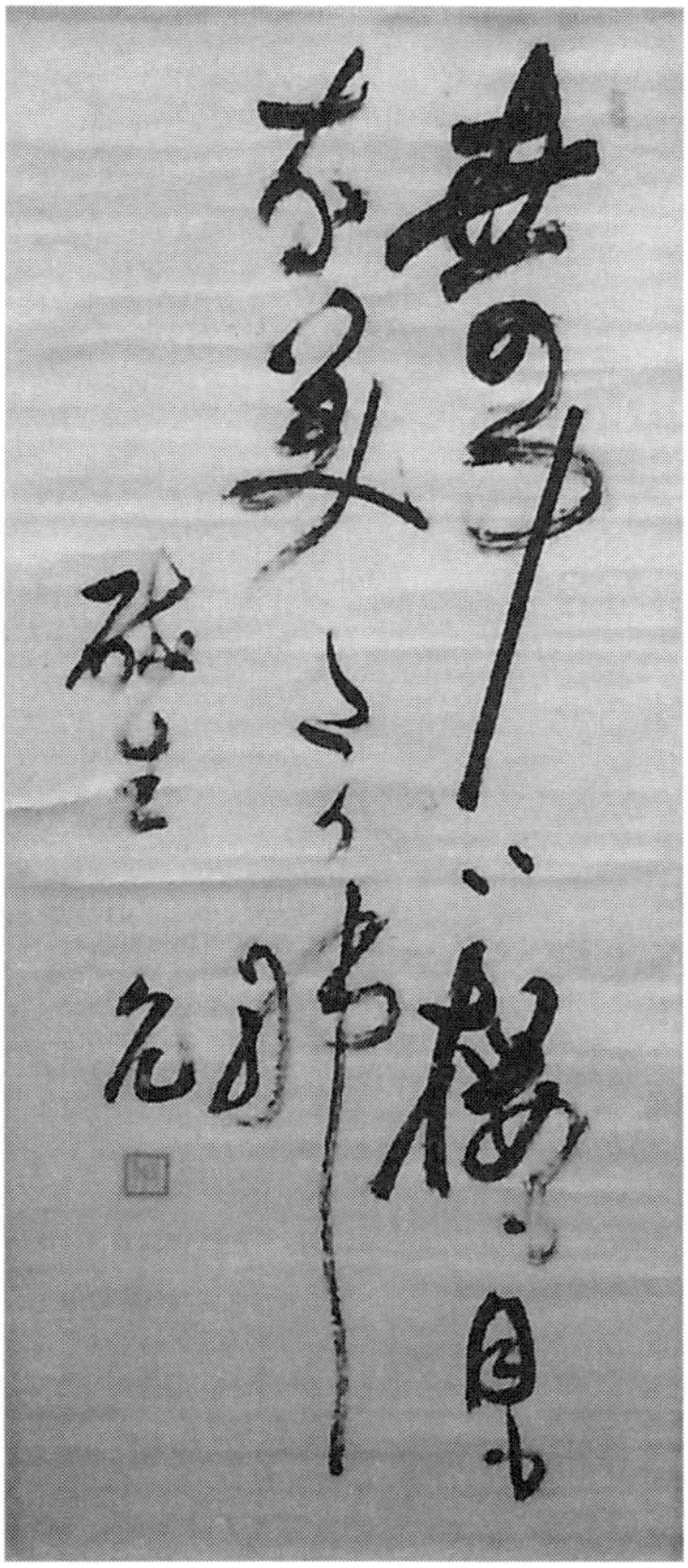

木戸孝允俳句書　「世の中は桜も月もなみだかな」という一八六八(明治元)年十二月の作を大書した。「酔生　允」の署名を用いる。

幕末ごろの木戸孝允

○○人が七隻の軍艦で上方に向かうのだが、その三日前の二十二日、京都に潜伏する品川弥二郎に宛てた木戸の手紙がある。そこには「爰元《ここもと》も其後相変り無く、且々《かつがつ》芝居の手筈のみに及ばずながら骨折り申し候」と、芸州藩や津和野《つわの》藩との交渉の状況を知らせている。そして「其の期《ご》に至り、其の期に先んじて甘く、玉《ぎょく》（天皇）を我が方へ抱え奉り候御儀千載《せんざい》の一大事にて、自然万に一も彼《か》の手（幕府方）に奪われ候ては、たとへいか様《よう》の覚悟つかまつり候とも、現場の処、四方志士《しし》・壮士《そうし》の心も乱れ、芝居大崩れと相成り、三藩（薩摩・長州・芸州）の亡滅は申すに及ばず、終《つい》に皇国は徳賊（徳川）の有と相成り、再び復《かえ》るべからずの形勢に立ち至り候儀は、鏡に照らすよりも明了《めいりょう》にござ候」（『木戸孝允文書』二）と、天皇を敵方に奪われぬよう、慎重に慎重を重ねて動けと指示している。幕府を倒すのは最終的には武力ではなく、天皇という権威でなければならないのだ。

なお、同年四月、長州軍の指揮をとった高杉晋作は下関で病没（二九歳）。十一月には、坂本龍馬（三三歳）と中岡慎《なかおかしん》太郎《たろう》（三〇歳）が京都で暗殺されていた。新時代を迎えたものの、苦楽をともにした多くの同志を失ったことは、木戸の大きな心の傷となってゆく。はなやかな権力の一翼を担うようになっても木戸は、「世の中は桜も月もなみだかな」「世の中は桜の下の角力《すもう》かな」などと、その胸中を詩歌に託している。

鳥羽・伏見で戦う奇兵隊などの長州兵(『戊辰戦争絵巻』)

④中央集権と立憲政体

新政府の権威確立

諸侯《しょこう》会議をへずに王政復古《おうせいふっこ》の大号令《だいごうれい》が発せられ、徳川慶喜《とくがわよしのぶ》に辞官納地《じかんのうち》が伝えられると、旧幕府《ばくふ》勢力は激しく反発した。その怒りは、以後一年半におよぶ戊《ぼ》辰《しん》戦争となって爆発してゆく。

戦闘は一八六八(明治元)年一月三日、京都郊外の鳥羽《とば》・伏見《ふしみ》で始まる。翌四日、薩長《さっちょう》軍は錦旗《きんき》を手にいれて「官軍《かんぐん》」(新政府軍)となり、旧幕軍を破る。これにより傍観を続けていた諸藩の軍勢は、雪崩を起こしたように「官軍」に呼応してゆく。大坂城を脱した慶喜は、ひそかに海路江戸《えど》へ逃走した。七日には朝廷《ちょうてい》から慶喜追討令がでて、「官軍」は東海《とうかい》・東山《とうさん》・北陸《ほくりく》の三道に分かれ、江戸をめざして進軍を開始。西郷隆盛《さいごうたかもり》と勝海舟《かつかいしゅう》の談判により、四月十一日には江戸城が無血《むけつ》開城されたが、戦火は関東から北陸、東北、そして蝦夷地《えぞち》へと広がってゆく。激戦の末、旧幕軍の最後の砦《とりで》ともいうべき箱館五稜郭《はこだてごりょうかく》が陥落したのが、一八六九(明治二)年五月十八日のことである。

王政復古の大号令からまもない一八六七(慶応《けいおう》三)年十二月十八日、藩地にあった木戸は、朝廷から上京を命ぜられる。諸事情により遅れ、京都にはいったのは鳥羽・伏見の戦いが終ったのちの一八六八年一月二十一日だ。二十五日には太政官《だじょうかん》に徴士《ちょうし》として出仕し、二月二十日、参与《さんよ》に任ぜられ、総裁局《そうさいきょく》顧問をかねた。総裁局は有栖川宮熾仁親王《ありすがわのみやたるひとしんのう》▲が総裁、副総裁は三条実美《さんじょうさねとみ》・岩倉具視《いわくらともみ》という最高機関である。これが、木戸の政府官僚としての第一歩であった。以後、木戸は藩の枠を越え、中央政府の官僚としての意識を強くもち、全国統一の政治を行うため尽力することとなる。

木戸は直接戦闘に参加することはなかったが、戊辰戦争を「大政一新の最良法」と考え、その政治的利用については積極的だった。閏《うるう》四月、岩倉・三条に宛てた手紙(『木戸孝允文書』三)には、「膏薬療治《こうやくりょうち》」ですみやかに表面の形だけをととのえては、他日ふたたび禍害《かがい》が生じるので、徹底した戦争遂行を求めている。また、一〇〇万石《ごく》をあたえて徳川家を駿河《するが》で存続させるという西郷に対し、木戸は寛大すぎると反対した。あるいは、新政府に抗した奥羽越列藩同盟《おううえつれっぱんどうめい》▲の帰順も、容易に和を受け入れるのはよくないと考えていた。官賊が一瞬で逆転す

▼有栖川宮熾仁親王　一八三五〜九五年。有栖川宮家九世。王政復古で総裁職に就任。戊辰戦争では東征大総督に補せられ江戸に向かう。のち兵部卿、西南戦争で征討総督をつとめ陸軍大将となる。幕末、婚約者和宮《かずのみや》は将軍家茂《いえもち》に降嫁《こうか》した。

▼奥羽越列藩同盟　一八六八年五月、戊辰戦争の際、会津藩《あいづはん》赦免が斥けられるや、仙台《せんだい》・米沢《よねざわ》を中心とする奥羽二五藩が新政府に抗するべく結んだ軍事同盟。のちに越後《えちご》六藩も加わった。

る場を何度も体験してきた木戸にすれば、それは当然のことであっただろう。

数々の改革

一八六八(明治元)年二月一日、木戸は外国事務掛をかねる。その任務は、新政府の外交の確立だ。「安政《あんせい》の五カ国条約」にはすでに一八六五(慶応元)年十月、孝明《こうめい》天皇が勅許《ちょっきょ》をあたえていた。とはいえ、人びとの心には攘夷論《じょういろん》がまだまだ根深く残っており、一月には「神戸《こうべ》事件」、二月には「堺《さかい》事件」という諸藩士《はんし》が外国人と衝突する事件も起こる。それに戊辰戦争遂行のためにも、新政府が日本代表であると、諸外国に承認させねばならない。

英国公使館書記官アーネスト＝サトウ▲の好意的な助言もあり、木戸は二月三十日、御所紫宸殿《ごしょししんでん》において明治天皇と各国公使との謁見《えっけん》を実現させた。こうして新政府は、幕府非難の大義名分《たいぎめいぶん》にもなっていた攘夷の方針を目にみえる形で否定し、開国和親《かいこくわしん》の方針を内外に知らしめたのだ。

さらに木戸もかかわり新生日本の基本方針(国是《こくぜ》)が決定、公表される。原案者は参与の由利公正《ゆりきみまさ》▲(越前《えちぜん》)で、制度取調参与の福岡孝弟《ふくおかたかちか》▲(土佐《とさ》)が修正を加える。

▼アーネスト＝サトウ　一八四三～一九二九年。イギリス公使館書記官。ユニバーシティ・カレッジで学び一八六二(文久二)年に来日。幕府の限界を感じ薩長に期待する。一八九五(明治二十八)年には公使として来日、日英《にちえい》同盟に尽力した。

▼由利公正　一八二九～一九〇九年。越前藩士。旧名は三岡八郎《みつおかはちろう》。横井小楠《よこいしょうなん》の民富論《みんぷろん》に影響され、藩財政を立てなおす。新政府の参与に起用され、金札《きんさつ》の大量発行など財政面で活躍。また「五箇条の誓文」の草案作成。東京府知事、元老院議官、貴族院《きぞくいん》議員などをつとめた。

▼福岡孝弟　一八三五～一九一九年。土佐藩士。吉田東洋《よしだとうよう》の指導を受け、後藤象二郎と藩政改革に尽力。薩摩藩に対抗し、大政奉還《たいせいほうかん》を将軍慶喜に説く。新政府の参与となり、「五箇条の誓文」の起草にかかわる。のち参議、文部卿など。

五箇条の誓文

一、広ク会議ヲ興シ万機公論ニ決スベシ
一、上下《しょうか》心ヲ一ニシテ盛ニ経綸《けいりん》ヲ行フベシ
一、官武一途庶民ニ至ル迄各其志ヲ遂ゲ人心ヲシテ倦《うま》ザラシメン事ヲ要ス
一、旧来ノ陋習《ろうしゅう》ヲ破リ天地ノ公道ニ基クベシ
一、智識ヲ世界ニ求メ大ニ皇基《こうき》ヲ振起スベシ

これを木戸が修正し、三条・岩倉も加わって最終案としたのが、よく知られる「五箇条の誓文《せいもん》」だ。木戸は「徴士」の任用を制限していた福岡案の第五条を、削除した。また原案では第一条が「列侯《れっこう》会議を興《おこ》し万機《ばんき》公論に決すべし」と具体的だったが、木戸は「広く会議を興し万機公論に決すべし」と、抽象的にした。

このように練られた国是を権威づけるため、木戸は明治天皇自身が天地神明に誓う儀式を行い、内外に示すよう建言する。その案が採用されて、三月十四日、天皇は紫宸殿に公卿《くぎょう》・諸侯以下百官を率いて天神地祇《てんじんちぎ》をまつり、国是五カ条を誓った。翌日には、木戸の起草による「国威宣揚の宸翰《しんかん》」も発せられ、天皇が国家の頂点に立つという位置付けは、さらに補強されてゆく。

この「五箇条の誓文」は、遷都《せんと》の問題とも絡んでいる。大久保利通《おおくぼとしみち》は大坂遷都を提議したが、とくに宮廷側から強い反対を受け、実現しなかった。大久保としては遷都により天皇を、伝統的な宮廷勢力から切り離したい。今後は天皇を飾り物としてすえるのではなく、「民の父母」とし、政府の前面に押し立て、政治的君主とする新体制を築こうと考えたのだ。遅れて京都入りした木戸も、大久保の意見に賛同する。

大坂遷都は却下されたが、天皇が大坂に行幸《ぎょうこう》し、慶喜追討の前面に立つとの案は認められた。そこで大久保・広沢《ひろさわ》・木戸が御用掛《ごようがかり》となり、三月二十一日に大坂行幸が実現した。西本願寺《にしほんがんじ》別院におかれた大坂行在所《あんざいしょ》で、木戸は直接天皇に今日にいたるまでの大勢と内外の状況を言上し、感激にひたっている。

さらに大久保は、東国《とうごく》支配を確立するため、天皇が関東に親征《しんせい》すべきだと五月、議定《ぎじょう》兼輔相《ほしょう》の岩倉具視に提言した。やはり木戸も、東幸《とうこう》の実現を願う。そうすることで、天皇みずから政治を行う好機とするのだ。

戊辰戦争の勝利がほぼ確定した七月十七日、江戸を「東京」と改称するとの詔《みことのり》が発せられる。九月八日には「明治」と改元され、一世一元《いっせいいちげん》の制度が定められた。さらに、東京行幸の詔が発せられる。すると、京都市民が動揺を始めた。千年の都《みやこ》が東京に移るのではないかと心配したのだ。それでも九月二十日、天皇は京都御所を発ち、三三〇〇余人の行列で東京へと向かう。岩倉具視・中山《なかやま》忠能《ただやす》らとともに木戸も供奉《ぐぶ》。木戸は天皇に箱根《はこね》で水鴨《みずかも》の猟を、大磯《おおいそ》海岸で地引《じびき》網《あみ》漁をみせた。生身の天皇の存在を、国民に強く印象づけるのが狙いだ。

十月十三日、天皇は東京城（江戸城）にはいり、皇居とした。天皇は人心の動揺をおさえるため、十二月にいったん京都に戻ったが、翌一八六九(明治二)年三月にはふたたび東京に「行幸」し、前後して政治の中心も東京に移った。そしてこれが、事実上の「遷都」になった。

版籍奉還

新政府の指導者たちにとり、外圧に抗するためにも中央集権は急務だった。それに財政力に乏しい新政府にとっても、「藩《はん》」は邪魔な存在である。とくに木戸は、藩制度の解体に積極的だった。一八六八(明治元)年二月には早くも以前から考えていた版籍奉還《はんせきほうかん》を、三条・岩倉両副総裁に建言する。「朝廷は自ら薩長に傾き、薩長は又其兵隊に傾き」と、藩軍事力を政府が統制できない現状を危険視していた。そこで、すべての大名が土地(版)も人民(籍)も、天皇に返上することで、はじめて強力な中央集権国家が誕生すると唱えたのだ。これは廃藩をも意識した意見だったが、戊辰戦争中でもあり、三条・岩倉は諸藩の混乱を恐れ、時期尚早として採用しなかった。

それでも木戸は閏四月、長崎へ出張した際、山口に立ち寄り、藩主毛利敬親《もうりたかちか》に版籍奉還を率先して行うよう、ひそかに言上する。さらに藩内の有力者にもあって根回しした。さらに七月二十三日にも木戸は京都で敬親にあい、説得を重ねる。敬親は納得したが、薩摩《さつま》側の理解をえておくよう木戸に指示した。

そこで木戸は九月十八日、京都で大久保に版籍奉還の必要を説く。大久保も同意し、以後は薩摩の藩論の取りまとめにかかる。大久保は土佐《とさ》・肥前《ひぜん》藩の関係者も説き、版籍奉還の意見は一致して準備が整ってゆく。

一八六九(明治二)年一月二十日、薩長土肥の四藩主は、版籍奉還の上表《じょうひょう》を捧呈した。ただし、藩主たちはいったん天皇に返上した領地を、再交付してもらえると考えている。四藩主にならい、全国大部分の藩主たちもつぎつぎと版籍奉還の建白を行う。ところが六月十七日から二十五日にかけて版籍奉還が許可されると、それは藩主たちが予想していたものとは大きく異なっていた。領地の再交付はなく、旧藩主たちは政府の一地方官「知藩事《ちはんじ》」に任命されたにすぎなかったのだ。しかも木戸は知藩事の職を断固、世襲制とさせなかった。

脱隊騒動鎮圧

藩制度を解体し、中央集権を進めれば、路頭に迷った多くの失業武士が生まれるだろう。それを予測した木戸は、彼らを「政事之為《ため》には甚《はなはだ》邪魔ものなり」(『木戸孝允文書』三)と呼び、強硬に排除する道を選ぶ。

木戸が「邪魔もの」に対する態度を明確に示す最初は長州《ちょうしゅう》諸隊の反乱、いわゆる脱隊騒動のときだ。戊辰戦争が終り、凱旋してきた兵士たちを山口藩(長州藩)はもてあます。その数は五〇〇〇人以上に膨れ上がっていたという。そこで一八六九(明治二)年十一月二十七日、藩では諸隊の隊号を廃し、二二五〇人を精選して常備軍(四大隊)として残し、あとは解散させると発表。常備軍はいずれ天皇の親兵《しんぺい》として、差しだされるものであった。

ところが常備軍への選抜は、功績よりも身分が重視されるといった不公平な一面があった。また、論功行賞も不十分なままであるなど、問題もかかえていた。使捨てにされたといきどおった遊撃隊《ゆうげきたい》・奇兵隊《きへいたい》・鋭武隊《えいぶたい》などの兵士ら一二〇〇人余りは、十二月一日、隊を脱して宮市《みやいち》(現、山口県防府《ほうふ》市)に屯集。藩内に一八の砲台を築き、藩政府と対立する構えをみせた。さらに除隊者までがかけつけ、脱隊兵は二〇〇〇人にも膨れ上がる。知藩事毛利元徳《もとのり》▲は穏便な解決をはかろうとした。そこで藩は脱隊兵側の要求の一部を受け入れ、十二月十九・二十四日に問題のあった合計八二人を常備軍役付からはずし、うち六二人に対して二十八日、自宅謹慎を命じる。

　そこへ木戸が、天皇から常備軍編成の命を受けて帰省した。木戸は翌一八七〇(明治三)年正月早々、知藩事父子や支藩知事および要人らに対し、断固武力による鎮圧を主張する。こうした木戸の動きに対して脱隊兵は強く反発し、一月二十六日には山口の知藩事居館を包囲した。木戸は常備軍三〇〇をはじめ第四大隊二五〇、大阪からの援兵などを指揮し、二月九日から脱隊兵討伐を開始。翌十日、知藩事は親征の命を発し、木戸が独断で始めた戦争を追認した。その結果、脱隊兵は各地で敗れ、一〇〇人を超す刑死者をだして事件は終息する(今井東吾「『脱隊騒動』武力鎮圧の真相に迫る」)。

　このように、急激な改革に対する「邪魔もの」の反発は強いものがあった。脱隊騒動ののちも一八七〇年から翌七一年にかけ、全国規模の政府転覆計画が九州をはじめ各地で発覚して、不穏な空気が日本を覆う。

奇兵隊などの脱隊兵が処刑された柊《ひいらぎ》刑場跡に建つ慰霊碑(山口市)　討幕のために戦った兵士たちは木戸にとり「邪魔もの」となった。

▼**毛利元徳**　一八三九〜九六年。長州藩世子《せいし》。山口藩知事。定広《さだひろ》。藩主敬親《よしちか》(慶親)と尊攘《そんじょう》運動を進めたが禁門の変で敗れ、官位剝奪。王政復古により復権して上洛《じょうらく》し、新政府の議定となる。のち公爵《こうしゃく》。

こんな逸話が伝わる。政府転覆未遂事件に連座《れんざ》して捕えられた反政府分子に、熊本の河上彦斎《かわかみげんさい》（高田源兵衛《たかだげんべえ》）がいた。河上は国学者《こくがくしゃ》林桜園《はやしおうえん》門下の熱烈な攘夷論者で、幕末《ばくまつ》のころは長州藩に身をよせ、桂小五郎《かつらこごろう》時代の木戸とも交流があった。ところが、小五郎から攘夷の不可を説かれた河上は、「忽《たちま》ち髪立ち眦《まなじり》裂け、直に起つて小五郎の鼻を捻《つま》み、大喝これを叱して曰《いわ》く。足下《おまえ》も此説をなすか」（河上彦斎建碑事務所編『河上彦斎』）と怒り狂う。

　このような河上だから、明治になっても攘夷の主張を貫く。そこで木戸は玉《たま》乃世履《のせいり》をひそかに招き、時代の波に乗れない河上の抹殺を依頼する。河上が東京で処刑されたのは一八七一（明治四）年十二月のこと。その罪状は具体的ではなく、今なおその罪を疑問視する声が多いという。

廃藩置県

　直属の軍事力をもたない中央政府は、うち続く反政府の動きに対抗するため、薩長土という雄藩の実力を借りて基礎強化をはかる。そのためには在藩中の有力者を、中央政府に取り込む必要があった。そこで一八七〇（明治三）年閏十一月二十五日、岩倉具視が勅使《ちょくし》に任ぜられ、鹿児島・山口に派遣されることになった。島津久光《しまづひさみつ》・毛利敬親、そして西郷隆盛などを中央政府に呼びよせようというのだ。

中央政府の官職になるのをきらった西郷は戊辰戦争後、鹿児島に帰郷して士族《しぞく》政権を築いていたのだが、岩倉と大久保の求めに応じ、上京を承諾する。これにより、反政府の士族たちが、強大な鹿児島士族と提携する可能性がひとまず失われた。

さらに一八七〇年一月、山口からは前年十二月に先着していた木戸が一行に合流する。ただし、勅書《ちょくしょ》を受けた毛利敬親は、病気を理由に上京猶予を願った。事実、敬親の健康状態はすぐれなかったようで、この年三月二十八日、病没している。それから高知藩も巻き込むため、西郷・大久保・木戸の三傑《さんけつ》は土佐に赴き、大参事《だいさんじ》の板垣退助《いたがきたいすけ》▲をつれて二月三日に東京に戻った。

お膳立てが整ったので、一八七一(明治四)年二月十三日、薩長土の三藩から兵を徴し、親兵として編成するとの布告がだされる。西郷と木戸は、準備のためにそれぞれ帰藩した。そして西郷は藩兵の精鋭を率いて上京し、木戸も五月

▼**板垣退助**　一八三七〜一九一九年。土佐藩士。戊辰戦争では新政府軍の参謀として各地を転戦した。征韓論に敗れ下野し、江藤新平らと民撰議院《みんせんぎいん》設立を建白。自由《じゆう》民権《みんけん》運動を起こし、自由党総裁などをつとめた。

二十八日になり東京に戻ってきた。

こうして六月半ばには、一万（八〇〇〇とも）の親兵（歩・騎・砲兵）が東京に集まり、兵部《ひょうぶ》省の管轄下におかれる。中央政府がはじめてもつ直属の軍事力だ。さらに六月二十五日には、西郷の要求を容れて人事の大改革が行われ、各省少《しょう》輔以上の高官はいっせいに辞職となった。そして改めて木戸と西郷が参議となり、権力の集中化がはかられる。

武士階級解体を考える木戸は、廃藩置県《はいはんちけん》を即時断行したい。だが、武士階級を軍事力の中核として温存させたい西郷のほうは、なかなか同意しそうになかった。そんな折、長州出身で木戸の後輩にあたる野村靖《のむらやすし》・鳥尾小弥太《とりおこやた》から、廃藩置県の必要を迫る声が上がる。そこで七月六日に民部大輔《みんぶのたいふ》の井上馨《いのうえかおる》▲が木戸を、兵部少輔の山県有朋《やまがたありとも》▲が西郷をたずね、廃藩断行をうながす。木戸はもちろんだが、西郷もまた同意したため実現への拍車がかかった。

七月九日、木戸は西郷・大久保・西郷従道《つぐみち》・大山巌《おおやまいわお》・山県・井上らと集まり、廃藩の順序を討議する。木戸はすみやかに廃藩置県を発令せよと論じた。そして期日を定めて各知藩事を東京に招集し、承服しない者には断然たる処置にで

▼**井上馨**　一八三五〜一九一五年。長州藩士。聞多。尊攘運動に奔走し、イギリスに留学。新政府の参与、外国事務掛となり、第一次伊藤博文内閣では外務大臣として条約改正に尽力したが、果たせなかった。実業界にも強い影響力をもつ。

▼**山県有朋**　一八三八〜一九二二年。長州藩の下級武士で吉田《よしだ》松陰《しょういん》に師事。奇兵隊軍監《ぐんかん》として攘夷戦などに参加。明治になると陸軍の基礎を築き、徴兵制を実行。陸軍大将となり、総理大臣も二度つとめるなど、政界・軍部に絶大な権力をもつ。公爵に列せられた。

ることを主張する。実力行使となれば、三藩から集めた親兵の存在が早速大きな意味をもつ。

こうして七月十四日、島津忠義《ただよし》・毛利元徳をはじめとする在京の知藩事《ちはんじ》五六人が宮中《きゅうちゅう》大広間に集められ、廃藩置県の詔勅《しょうちょく》が発せられた。これにより全国二六一藩は一気に廃され、県となったのである。琉球《りゅうきゅう》を除き、これまで設置されていた県とあわせ、三府三〇二県からなる一応の統一国家が誕生したのだ(同年十一月に三府七二県、二十一年には三府四三県となる)。

このとき、知藩事はすべて免職となった。木戸は眼前に平伏するかつての主君毛利元徳をみ、胸が詰まり、涙が落ちたとその複雑な思いを日記に記す。同日、板垣退助と大隈重信《おおくましげのぶ》が参議《さんぎ》に就任し、薩長土肥の勢力均衡がはかられた。また七月・八月には太政官《だじょうかん》制の改革が行われ、正《せい》院・左《さ》院・右《う》院を設置する太政官三院制が定められたりした。

岩倉使節団

廃藩置県の実施からわずか四カ月後、右大臣岩倉具視を特命全権大使とする使節団(岩倉使節団)が、幕末以来の条約締結国一二カ国へ派遣されることとなった。総勢約五〇人の使節団が、数十人の留学生や従者を従えて横浜《よこはま》港を発ったのは、一八七一(明治四)年十一月十二日のことである。参議の木戸は大久保、工部《こうぶ》大輔の伊藤博文《いとうひろぶみ》、外務少輔の山口尚芳《やまぐちますか》とともに副使としてこれに加わった。

政府要人が多数、しかも長期間海外にでることについては最初、参議の西郷・板垣、そして太政《だじょう》大臣三条実美からも異論がでた。だが西郷・板垣が三条を補佐し、内政をあずかると承知したため、木戸らの派遣が決まる。また、留守政府《るすせいふ》では新規の人事や大きな変革を行わないとの約束も取り決められた。

中央集権の推進と同時に、対外関係においても、幕末のころ欧米列強とのあいだに結ばれた不平等条約を改正し、国家の独立を求めようとする気運が政府内で高まっていた。条約の改正期限は明治五年五月二十六日、西暦なら一八七二年七月一日に迫っている。もし、改正を行うのなら、国際法の「万国公法《ばんこくこうほう》」によらねばならない。それならばまず先に、日本の国内法を変える必要があった。だがそのためには、時間を要する。そこで改正期限にさきだち、使節団を派遣して暫時条約改正の延期を申し出、あわせて先進国の文明や制度を視察することになったのである。

　ところが、最初の訪問国であったアメリカ各地で大歓迎を受けた一行は、一気に条約改正まで持ち込めるとの錯覚に陥る。国務長官フィッシュから、交渉には天皇の全権委任状が必要だと指摘されると、副使の大久保と伊藤は当初の方針を変更して一時帰国した。その間、岩倉や木戸はフィッシュと交渉を繰り返した。だが、アメリカ側は日本側が切望する関税自主権《かんぜいじしゅけん》▲回復も領事裁判権《りょうじさいばんけん》▲廃止も、容易に認める気がなく、しかも外国人の日本内地雑居《ないちざっきょ》などを求められ、妥協点をみいだせないことがわかってくる。結局、四カ月後に委任状を携えた大久保・伊藤がワシントンに到着するや、平行線をたどっていた交渉は打ち切られた。以後、各国で条約改正は、打診以上にはなされなくなる。この失敗は、木戸と大久保・伊藤とのあいだに感情的な溝を残す。

　使節団は七月三日、ボストンを出港してイギリスに向かい、十一月五日、イギリス女王ビクトリアに謁見《えっけん》、国書を渡す。ついでフランスに赴き、二カ月近くパリ付近を視察。続いて翌六年の二月にはパリを発ってベルギー、オランダ、三月にはドイツにはいり、ベルリンでビスマルク首相に面会している。普《ふ》仏《ふつ》戦

▼**関税自主権**　国家が関税率を自主的に定める権限。日本は「安政の五カ国条約」で相手国の同意なしに改定できない協定税率を受け入れており、その回復が条約改正の大きな課題となる。完全な回復は一九一一（明治四十四）年まで待たねばならなかった。

▼**領事裁判権**　在住外国人をその本国領事が本国の法により、裁く権利。日本では「安政の五カ国条約」で明文化された。明治政府は交渉を重ね、一八九四（明治二十七）年以降、列国と新条約を結び廃止した（九九〈同三十二〉年発効）。

争に勝利して列強の仲間入りを果たしたばかりのドイツは、木戸らにとり、とくに身近な、手本とすべき国として映ったようだ。

ここで日本からの帰国要請が届き、大久保はベルリンから帰路に就き、一八七三(明治六)年五月二十六日帰国。木戸は希望してロシアを視察し、その後オーストリアのウィーン万国博覧会開会式に参加したりしながら、七月二十三日、使節団より一足早く帰国している。

木戸は一年半かけて視察した欧米諸国からさまざまな影響を受け、日本近代化のあり方を具体的に考えてゆく。たとえば、アメリカの教育制度が整備されているのをみた木戸は、文部省派遣の理事官田中不二麿《たなかふじまろ》▲にその「長所」を採用するよう求めている。軽率に欧米から輸入された文明を謳歌し、これを表面だけ模倣するといった当時の日本の風潮には批判的だったのだ。

欧米回覧《おうべいかいらん》中から木戸は過度な開化をおさえ、列強と対等な位置に立つためにも、根本である法制度制定が必要だと痛感する。ロンドンであった留学生青木《あおき》周蔵《しゅうぞう》の影響もあり、憲法の有無が、国家の興亡を左右するとまで考えるようになる。これは大久保も同じで、二人は帰国後あいついで憲法制定の意見書を

▼**田中不二麿**　一八四六〜一九〇九年。尾張《おわり》藩士。尊攘運動に尽力。新政府に登用され文部大丞《だいじょう》、続いて文部大輔となる。さらに司法卿をつとめ、のち外交面でも活躍した。

断髪、洋装した木戸孝允

岩倉使節団(1872年，アメリカ滞在中に撮影)　左より木戸孝允・山口尚芳・岩倉具視・伊藤博文・大久保利通。

提出した。プロシア憲法を参考にした木戸の手記によれば、「君臣同治の憲法」をめざしながらも、「人民の会議」を設けるには、人民の進歩が不十分であるとする（『木戸孝允文書』八）。そのため「政府の有司《ゆうし》（官僚）万機を議論し」、天皇が「独裁」という手続きで制定すべきだとの考えをともなっていた。「天皇陛下の英断を以《もっ》て民意を迎へ、国務を条例し、其裁判を課し以て有司の随意を抑制し一国の公事に供する」よう求め、ならば「独裁の憲法」であっても、「他日人民の協議起るに至り同治憲法の根種」になるというのだ。

征韓論

木戸や大久保が帰国してみると、留守政府は約束を破り、かなりの改革を進めていた。西郷隆盛などは元帥《げんすい》兼参議となり、軍事権を掌握していたが、木戸は文と武がこうした形で混在することに危機感を強める。

さらに、佐賀出身の江藤新平《えとうしんぺい》・大木喬任《おおきたかとう》、土佐出身の後藤象二郎《ごとうしょうじろう》が大久保の地位を越えて参議となっており、政府内は土佐・佐賀（肥前《ひぜん》）出身者の勢力が強大になっていた。とくに江藤は司法部門を掌握しており、前大蔵大輔井上馨や陸軍大輔山県有朋の不正汚職を摘発し、長州出身者の多くを政府中枢から失墜させていた。

そしてなによりも帰国した木戸らが直面したのは、いわゆる「征韓論《せいかんろん》」問題だ。徴兵令《ちょうへいれい》などで特権を奪われ、不満をつのらせる士族たちに活路をあたえるため、西郷は「征韓論」を主張していた。西郷はみずからが大使として朝鮮に赴き、自分が殺されることで征韓の名分を立てようと考えていたとされる。

木戸は、征韓そのものには反対ではない。木戸自身、版籍奉還の前後に国内の矛盾のはけ口として、「征韓論」を唱えたことがあった。あるいは木戸が一八六八(明治元)年閏四月、三条・岩倉に宛てた書簡(『木戸孝允文書』三)には、朝鮮くらいは日本の版図《はんと》に加えたいとし、そのうち朝鮮に日本府くらい立てねばとの構想が披瀝《ひれき》されている。このときは内治を唱える西郷らの反対を受け、実現にはいたらなかった。その立場が、今度は逆転する。

世界の大勢をその目でみた岩倉・大久保・木戸らは内治による国家統一の優先を唱え、西郷らの「征韓論」に反対したのだ。一八六九(明治二)年、木戸が大蔵省と民部省を実質上合併させたのを、翌年大久保が反対し分離させて以来、両者の仲はよくない。しかし、そのような私情をすてたうえでの連帯感が生まれる。留守政府の主張を認めてしまっては、内政の主導権に続いて外交までも奪われてしまいかねない。

これに対抗するため、岩倉は三条にはかり、一八七三(明治六)年十月十二日、大久保を参議に就任させる。バランスをとるため、同時に佐賀出身で征韓派の副島種臣《そえじまたねおみ》も参議となった。木戸は病気のため欠席したが、同月十四日に開かれた閣議で、西郷はあくまで大使派遣を主張する。これに板垣・江藤・後藤・副島は賛成し、大久保・大隈・大木は反対を唱えた。

そして閣議では征韓派の主張が通り、西郷派遣が決まる。ところが岩倉と大久保は天皇の権威を使った、どんでん返しを企んでおり、これを木戸も病床から激励した。二十三日、天皇に使節派遣を上奏《じょうそう》した太政大臣代理の岩倉はその利害得失を直接説き、自分は反対だと述べたのだ。これを理解した天皇は二十四日、内治を第一とするとの勅旨をだし、征韓派は一転して敗れる。「明治六年の政変」だ。閣議での決定がくつがえされたことに憤慨した西郷はじめ板垣・後藤・江藤・副島は、参議を辞して下野《げや》した。

その晩年

征韓論争後に生まれた薩長主導の新政権で、参議の木戸は文部卿《もんぶ》をかねた。だが、その主導権は大久保の掌中にあった。参議の大久保は一八七三(明治六)年十一月二十九日、新設された内務省《ないむ》トップ、内務卿をかねる。そして国家の治安警察と殖産興業《しょくさんこうぎょう》政策を進めるため、内務省の両翼として工部省(工部卿伊藤博文)と大蔵省(大蔵卿大隈重信)を配し、欧米回覧の成果を取り入れた政策を進めた。

一方の木戸は体調もすぐれず、生彩を失ってゆく。一八七四(明治七)年二月、大久保が台湾出兵を唱えると、木戸は内治優先を理由に反対したが、とても太刀打ちできる相手ではない。四月十八日、辞表を提出した木戸は、五月十三日、参議兼文部卿を免じられ、宮内《くない》省出仕に補される。そして、隆盛の弟西郷従道の強行論にひきずられ、五月二十二日から台湾攻撃が開始された。木戸はそれを横目でみながら大久保批判を日記につづり、東京を去って山口県に帰ってしまう。

大久保の独裁と孤立を恐れた伊藤博文・井上馨らのお膳立てにより、翌一八七五(明治八)年二月、大久保・木戸・板垣が大阪で顔をあわせ、いわゆる大阪会議が開かれる。ここで大久保は、立法の元老院《げんろういん》と司法の大審院《だいしんいん》の設立、地方《ちほう》官《かん》会議の設置、内閣と諸省の分離など、三権分立体制への移行を示して、木戸を納得させた。

こうして木戸と板垣は東京に戻り、三月に参議に復帰する。そして四月十四日には、漸次立憲政体《ぜんじりっけんせいたい》を導入する旨の詔がだされ、元老院・大審院が設置され、地方官会議が召集されるなど、早くも大阪会議の成果があらわれた。

政府が下院《かいん》になぞらえた地方官会議の第一回開院式は一八七五年六月二十日、東京浅草《あさくさ》東本願寺別院において天皇臨席のもとに始まり、木戸が議長をつとめた。しかし江華島《こうかとう》事件などに対する政府方針に納得できない木戸は、一八七六(明治九)年三月、またもや参議を辞して内閣顧問の閑職に転じた。そして、六月からは東北巡幸《じゅんこう》に供奉するが、木戸と病魔との戦いは続いていた。

一八七七(明治十)年一月、木戸は天皇の大和《やまと》・京都行幸に従うが、京都に到着した途端、持病を発する。「途中より胸背を痛み、夜に入りしばしば甚《はなは》しく、甚困却せり」などと日記に記している。二月二十五日、西郷隆盛が鹿児島の不《ふ》平《へい》士族に擁されて、「西南《せいなん》戦争」を起こす。木戸は一八七三年の「佐賀の乱」や七七年の「萩《はぎ》の乱」が起こった際も、みずから鎮圧に赴きたいと願い出たが果たせなかった。そしてこのたびもなにを思ったか征討総督《せいとうそうとく》有栖川宮熾仁親王に従い、鎮圧にいきたいと希望するが許可されなかった。もし許されたとしても、そのような体力は残っていなかっただろう。

木戸は京都で病床に伏しながら、つぎつぎと送られてくる電報で戦況を知る。三月二十日には、政府軍は田原坂《たばるざか》で西郷軍を撃破し、戦争は山場を越した。四月十五日には、西郷軍の熊本城包囲が解かれる。だがこのころから、木戸もみずからの生命が終りに近づいているのを自覚せねばならなかった。

木戸はリウマチと思っていたようだが、実際は胃癌《いがん》であったという。夜中に突然眠りから覚めるや、「西郷もまた大抵《たいてい》にせんか、予今自ら赴きて之を説諭すべし」と、怒鳴ったという逸話もある。そして五月二十六日没、享年四五。遺骸は遺言により、幕末のころの同志の多くが眠る京都東山霊山《ひがしやまりょうぜん》に埋葬された。無名の若者たちの質素な墓が数百基林立する頂点に、「内閣顧問勲一等贈正二位」という肩書つきの巨大な墓碑がすえられ、天皇から神道碑《しんとうひ》が贈られた。

霊山に建てられた木戸孝允の墓
（京都市東山区）

同年九月二十四日、西南戦争に敗れた西郷は鹿児島城山《しろやま》で自決、大久保は翌年五月十四日、東京紀尾井坂《きおいざか》で不平士族の凶刃に倒れた。「維新《いしん》の三傑」はあいついで世を去り、バトンは、次の世代へと受け継がれてゆく。

木戸の遺志を継いだのは、同じ長州出身の伊藤博文だった。イギリス型議会政治に手本を求め、国会開設急進論を唱える大隈重信を、伊藤は明治十四年の政変により追放する。さらに勅命により憲法取調べのため、ヨーロッパを視察し、主としてかつて木戸が手本に求めたプロシア憲法を学び、帰国して憲法草案を練り上げてゆく。こうして全七章七六条からなる大日本帝国憲法《だいにほんていこくけんぽう》（明治憲法）は一八八九（明治二十二）年二月十一日、天皇の名による欽定《きんてい》憲法として発布された。「大日本帝国ハ万世一系《ばんせいいっけい》ノ天皇之《これ》ヲ統治ス」（一章一条）との立憲君主《りっけんくんしゅ》制が定められ、幕末以来、さまざまな政争に利用され、揺れ動いた権威は、近代日本のなかにようやく位置づけられたのである。

写真所蔵・提供者一覧(敬称略, 五十音順)

会津若松市　　p. 38
大久保利泰　　p. 48
お茶の水女子大学　　カバー裏
『木戸孝允遺文集』　　p. 80上
宮内庁書陵部　　p. 53上
高知県立歴史民俗資料館　　p. 53下左
財団法人黒船館　　扉
財団法人東洋文庫　　p. 16
下関市立長府博物館　　p. 55
尚古集成館　　p. 53下右
聖徳記念絵画館　　カバー表
萩博物館　　p. 7中, 33上
山口県文書館　　p. 80下
山根寿代　　p. 7下
著者　　p. 7上, 11, 14, 25, 33下, 35, 42上・中・下, 45, 61上・下, 64, 72, 87

参考文献

青山忠正『明治維新と国家形成』吉川弘文館, 2000年
出石郡教育会編『維新史蹟但馬出石に隠れたる木戸松菊公遺芳集』出石郡教育会, 1932年
一坂太郎編『高杉晋作史料』全 3 巻, マツノ書店, 2002年
一坂太郎『幕末・英傑たちのヒーロー』朝日新聞社, 2008年
井上勲『王政復古』(中公新書)中央公論社, 1991年
今井東吾「『脱隊騒動』武力鎮圧の真相に迫る」『山口県地方史研究』93号, 2005年
大江志乃夫『木戸孝允』(中公新書)中央公論社, 1968年
鹿児島県維新史料編さん所編『鹿児島県史料・忠義公史料』第 3 巻, 鹿島児県, 1976年
楫取素彦談「薩長連合の発端」『防長史談会雑誌』33号, 防長史談会, 1912年
河上彦斎建碑事務所編『河上彦斎』河上彦斎建碑事務所, 1926年
木戸公伝記編纂所『松菊木戸公伝』全 2 冊, 明治書院, 1927年
宮内省先帝御事蹟取調掛編『孝明天皇紀』第 5 巻(宮内庁蔵版), 平安神宮, 1969年
佐々木克『幕末政治と薩摩藩』吉川弘文館, 2004年
末松謙澄『修訂 防長回天史』第 1 ～ 6 篇(全12冊), 末松春彦, 1921年(修訂複製版, マツノ書店, 1991年)
田中惣五郎『木戸孝允』千倉書房, 1941年
妻木忠太『木戸松菊公逸話』有朋堂書店, 1935年
妻木忠太編『木戸孝允遺文集』泰山房, 1942年
中原邦平『井上伯伝』全 9 冊, 中原邦平, 1907年
中原邦平『訂正補修 忠正公勤王事績』防長史談会, 1911年(復刻版, マツノ書店, 2008年)
日本史籍協会編『大久保利通文書』第 1 巻, 東京大学出版会, 1967年
日本史籍協会編『木戸孝允文書』全 8 冊, 日本史籍協会, 1929 ～ 31年(複製再刊, 東京大学出版会, 1971 ～ 86年)
日本史籍協会編『木戸孝允日記』全 3 冊, 日本史籍協会, 1932 ～ 33年(複製再刊, 東京大学出版会, 1985年)
松尾正人『木戸孝允』吉川弘文館, 2007年
三好昭一郎『徳島自由民権運動史論』教育出版センター, 1986年

木戸孝允とその時代

西暦	年号	齢	おもな事項
1833	天保4	1	***6***- 長門国萩城下に生まれる
1840	11	8	***4***- 桂九郎兵衛の養子となり，6月，桂家を継ぐ
1849	嘉永2	17	***10***- 吉田松陰に入門
1852	5	20	***11***- 江戸へ出て斎藤弥九郎の門で剣を学ぶ
1853	6	21	***6***- アメリカのペリー艦隊，浦賀来航。この年，江川太郎左衛門に西洋兵学を学ぶ
1854	安政元	22	***3***- 日米和親条約締結
1855	2	23	***7***- 中島三郎助に師事して軍学・造船術を学ぶ
1858	5	26	***6***- 日米修好通商条約締結
1860	万延元	28	***3***- 桜田門外の変，大老井伊直弼暗殺される。***7***- 水戸藩士らと会談を重ね，成破の盟約を結ぶ
1862	文久2	30	***7***- 右筆となり，学習院用掛を命じられる
1863	3	31	***5***- 長州藩，関門海峡で外国艦を砲撃し攘夷を断行。***8***- 八月十八日の政変が起こり，京都に潜伏。***10***- 帰国して直目付を任ぜられる
1864	元治元	32	***1***- 直目付を免ぜられ，京坂方面に派遣される。***7***- 禁門の変で長州敗走後，但馬方面に潜伏。***8***- 四カ国連合艦隊下関を砲撃。***11***- 征長軍総督徳川慶勝，広島に到着
1865	慶応元	33	***4***- 但馬より帰国する。***5***- 政事堂用掛・国政方用談役心得となる。***9***- 藩命により，木戸貫治(孝允)と改名
1866	2	34	***1***- 京都において薩摩藩士と薩長提携につき会談。***6***- 第2次幕長戦争始まる(9月に休戦)。***12***- 孝明天皇崩御
1867	3	35	***10***- 将軍徳川慶喜，朝廷に大政を奉還する。王政復古の大号令が発せられる。朝廷に登用される
1868	明治元	36	***1***- 戊辰戦争勃発。上京して総裁局顧問に任ぜられる。***3***- 五箇条の誓文発布。閏***4***- 藩主毛利敬親に版籍奉還を進言する
1869	2	37	***6***- 版籍奉還。***9***- 永世禄1800石をもらい，従三位に叙せられる
1870	3	38	***2***- 山口で脱隊兵を武力鎮圧する。***6***- 参議に任ぜられる
1871	4	39	***7***- 廃藩置県。***11***- 岩倉遣欧使節団副使として欧米に向かう
1873	6	41	***7***- 欧米より帰国。***10***- 征韓論争
1874	7	42	***1***- 文部卿を兼任。***2***- 内務卿の事務を兼任。***5***- 参議兼文部卿をやめ，宮内省出仕
1875	8	43	***2***- 大阪会議。***6***- 地方官会議の議長をつとめる
1877	10	45	***2***- 西南戦争勃発。***5***- 京都で病没する

一坂太郎(いちさか たろう)
1966年生まれ
大正大学文学部史学科卒業
専攻，日本近代史
現在，萩博物館特別学芸員ほか
主要著書
『高杉晋作史料』(マツノ書店2002)
『長州奇兵隊』(中央公論新社2002)
『高杉晋作の手紙』(講談社2011)
『久坂玄瑞』(ミネルヴァ書房2019)
『吉田松陰190歳』(青志社2019)

日本史リブレット人 070
木戸孝允《きどたかよし》
「勤王の志士」の本音と建前

2010年7月20日　1版1刷　発行
2019年10月31日　1版3刷　発行

著者：一坂太郎《いちさかたろう》

発行者：野澤伸平

発行所：株式会社 山川出版社

〒101－0047　東京都千代田区内神田1－13－13
電話 03(3293)8131(営業)
03(3293)8135(編集)
https://www.yamakawa.co.jp/
振替 00120-9-43993

印刷所：明和印刷株式会社

製本所：株式会社 ブロケード

装幀：菊地信義

Printed in Japan ISBN 978-4-634-54870-1

日本史リブレット 人

1 卑弥呼と台与 — 仁藤敦史
2 倭の五王 — 森 公章
3 蘇我大臣家 — 佐藤長門
4 聖徳太子 — 大平 聡
5 天智天皇 — 須原祥二
6 天武天皇と持統天皇 — 義江明子
7 聖武天皇 — 寺崎保広
8 行基 — 鈴木景二
9 藤原不比等 — 坂上康俊
10 大伴家持 — 鐘江宏之
11 桓武天皇 — 西本昌弘
12 空海 — 曾根正人
13 円珍と円仁 — 平野卓治
14 菅原道真 — 大隅清陽
15 藤原良房 — 今 正秀
16 宇多天皇と醍醐天皇 — 川尻秋生
17 平将門と藤原純友 — 下向井龍彦
18 源信と空也 — 新川登亀男
19 藤原道長 — 大津 透
20 清少納言と紫式部 — 丸山裕美子
21 後三条天皇 — 美川 圭
22 源義家 — 野口 実
23 奥州藤原三代 — 斉藤利男
24 後白河上皇 — 遠藤基郎
25 平清盛 — 上杉和彦
26 源頼朝 — 高橋典幸
27 重源と栄西 — 久野修義
28 法然 — 平 雅行
29 北条時政と北条政子 — 関 幸彦
30 藤原定家 — 五味文彦
31 後鳥羽上皇 — 杉橋隆夫
32 北条泰時 — 三田武繁
33 日蓮と一遍 — 佐々木馨
34 北条時宗と安達泰盛 — 福島金治
35 北条高時と金沢貞顕 — 永井 晋
36 足利尊氏と足利直義 — 山家浩樹
37 後醍醐天皇 — 本郷和人
38 北畠親房と今川了俊 — 近藤成一
39 足利義満 — 伊藤喜良
40 足利義政と日野富子 — 田端泰子
41 蓮如 — 神田千里
42 北条早雲 — 池上裕子
43 武田信玄と毛利元就 — 鴨川達夫
44 フランシスコ＝ザビエル — 浅見雅一
45 織田信長 — 藤田達生
46 徳川家康 — 藤井讓治
47 後水尾天皇と東福門院 — 山口和夫
48 徳川光圀 — 鈴木暎一
49 徳川綱吉 — 福田千鶴
50 渋川春海 — 林 淳
51 徳川吉宗 — 大石 学
52 田沼意次 — 深谷克己
53 遠山景元 — 藤田 覚
54 酒井抱一 — 玉蟲敏子
55 葛飾北斎 — 小林 忠
56 塙保己一 — 高埜利彦
57 伊能忠敬 — 星埜由尚
58 近藤重蔵と近藤富蔵 — 谷本晃久
59 二宮尊徳 — 舟橋明宏
60 平田篤胤と佐藤信淵 — 小野 将
61 大原幽学と飯岡助五郎 — 高橋 敏
62 ケンペルとシーボルト — 松井洋子
63 小林一茶 — 青木美智男
64 鶴屋南北 — 諏訪春雄
65 中山みき — 小澤 浩
66 勝小吉と勝海舟 — 大口勇次郎
67 坂本龍馬 — 井上 勲
68 土方歳三と榎本武揚 — 宮地正人
69 徳川慶喜 — 松尾正人
70 木戸孝允 — 一坂太郎
71 西郷隆盛 — 德永和喜
72 大久保利通 — 佐々木克
73 明治天皇と昭憲皇太后 — 佐々木隆
74 岩倉具視 — 坂本一登
75 後藤象二郎 — 鳥海 靖
76 福澤諭吉と大隈重信 — 池田勇太
77 伊藤博文と山県有朋 — 西川 誠
78 井上馨 — 神山恒雄
79 河野広中と田中正造 — 田崎公司
80 尚泰 — 川畑 恵
81 森有礼と内村鑑三 — 狐塚裕子
82 重野安繹と久米邦武 — 松沢裕作
83 徳富蘇峰 — 中野目徹
84 岡倉天心と大川周明 — 塩出浩之
85 渋沢栄一 — 井上 潤
86 三野村利左衛門と益田孝 — 森田貴子
87 ボアソナード — 池田眞朗
88 島地黙雷 — 山口輝臣
89 児玉源太郎 — 大澤博明
90 西園寺公望 — 永井 和
91 桂太郎と森鷗外 — 荒木康彦
92 高峰譲吉と豊田佐吉 — 鈴木 淳
93 平塚らいてう — 差波亜紀子
94 原敬 — 季武嘉也
95 美濃部達吉と吉野作造 — 古川江里子
96 斎藤実 — 小林和幸
97 田中義一 — 加藤陽子
98 松岡洋右 — 田浦雅徳
99 溥儀 — 塚瀬 進
100 東条英機 — 古川隆久

〈白ヌキ数字は既刊〉